NEW 2 1
JULY
ON!
5 4 5 4 NEWS NEWS
2 0 1 2

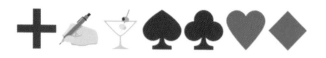

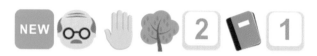

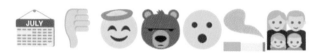

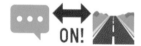

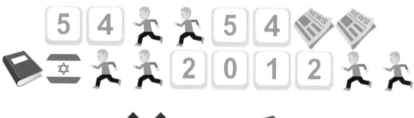

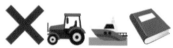

The Emoji Haggadah
By Martin Bodek
Copyright © 2019 Martin Bodek

The full traditional Passover Haggadah text in Hebrew and English can be found at the end of this book (taken with permission from www.sefaria.org).

Emojis provided courtesy of http://emojione.com

Printed in USA
First Edition
ISBN 978-1-60280-3466

KTAV Publishing House
527 Empire Boulevard
Brooklyn, NY 11225
www.ktav.com

Urim Publications
P.O. Box 52287
Jerusalem 9152102 Israel
www.UrimPublications.com

Library of Congress Cataloging-in-Publication Data in progress.

4️⃣🆎🅰️

🙉🙊🙈

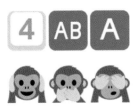

— — — — — — —

— — —

— — —

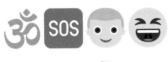

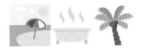

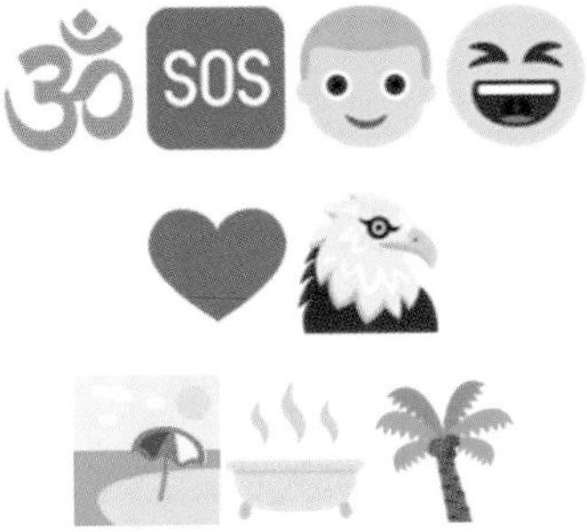

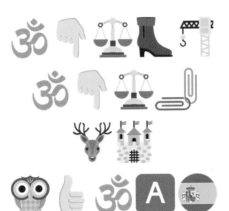

SOS

SOS

A

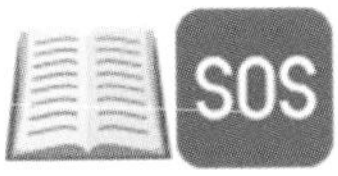

_ _ _ _ _ _ _ _ _

1 9
2 4
2 5
2 6
2 7
2 9
3 0
3 1
3 3
3 5
3 8
3 9
4 2

1 1

❎☠☠ 51

✋ 56

🐰🎮🇮🇪🕉3️⃣🤔🤔 61

🥇🌜👏 65

🥈🍷 68

🚿 70

🚚🚫🍞 71

🌶 73

🥙 74

🍽 75

🌁 76

🖖 77

🖖🍞🐟♨🥕🍗🍨 79

🥉🍷 94

🚰📤👆😠 95

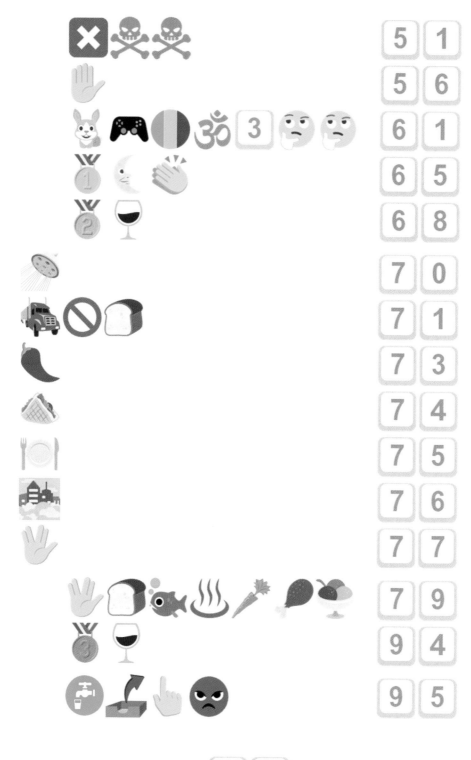

9 7

9 9

1 0 8

1 2 0

1 2 3

1 2 5

1 2 6

1 2 7

1 3 0

1 3 4

1 3 7

1 4 0

1 4 1

1 4 7

1 3

קדש

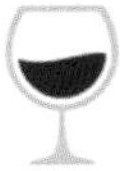

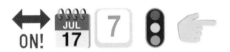

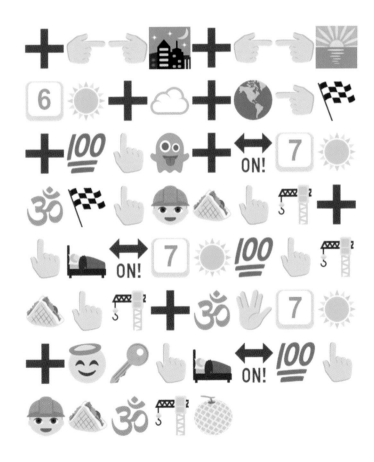

_______ _______ _______ _______ _______ _______ _______

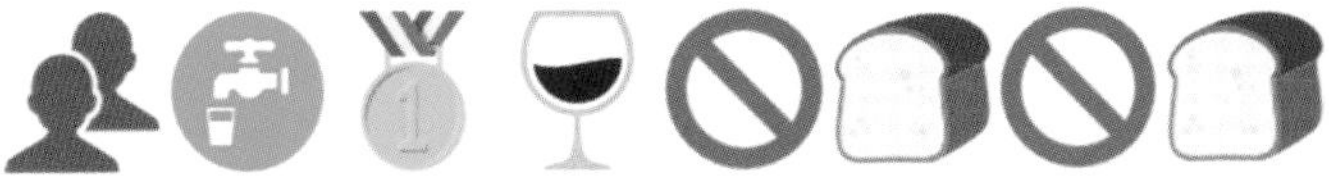

ON!
JUL
17

100
TOP
JUL
17
7
4

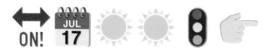

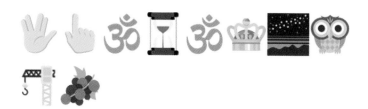

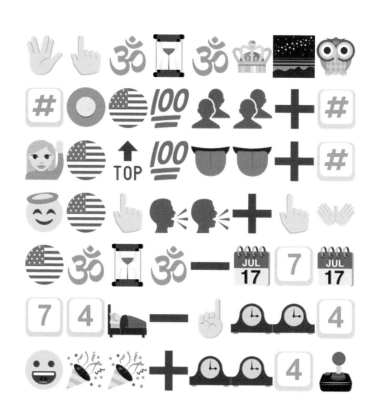

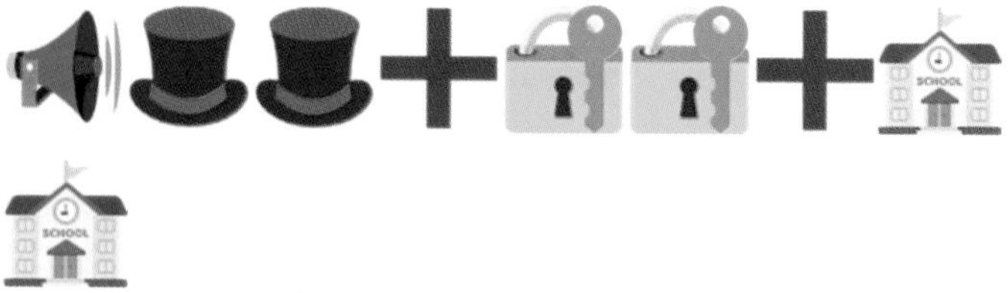

JUL
17
7
FREE
4
TOP
100
JUL
17
7
4

JUL
17
7

ON!
JUL
17
7
2

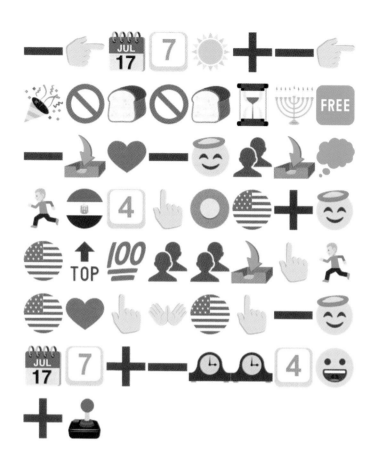

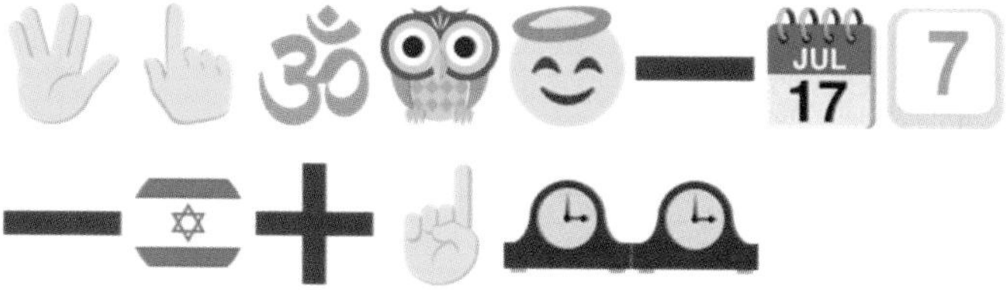

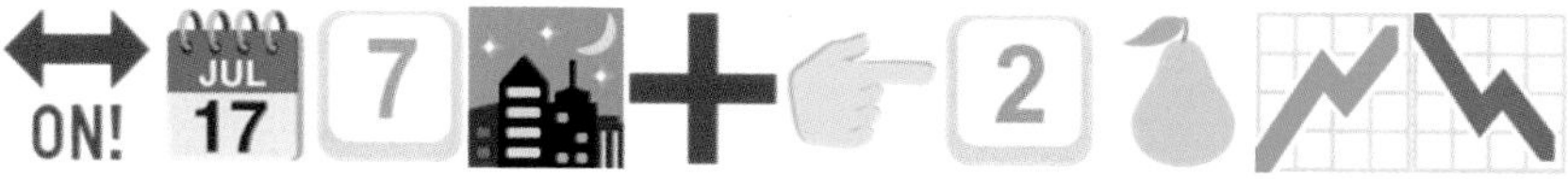

🖖👆🕉⌛🕉👑🌌🦉
🏗💡🔥

🖖👆🕉⌛🕉👑🌌🦉
➗🐝🔞😇➕💥🐝🔞
💡➕🌚🐝🔞🇮🇱➕🇪🇺
🐝🔞7️⃣☀️➕6️⃣👷☀️
☀️👆➗🐝🔞😇📅7️⃣
➕😇🎉➕👆😇7️⃣☀️
🔝6️⃣👷☀️☀️👆➗➕
😇👆👥🇮🇱👆😇

🖖👆🕉🦉➗🐝🔞😇
➕😇

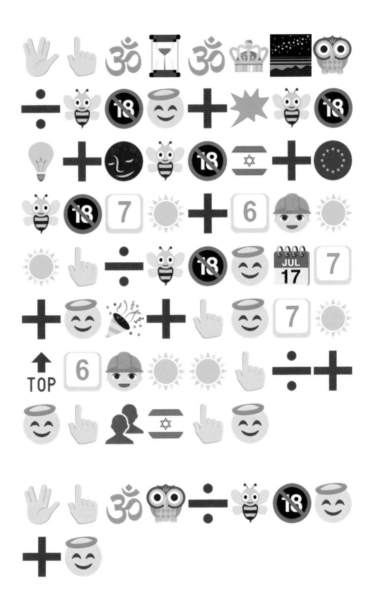

ורחץ

🚿 ☝🏻 👐🏻 ➕ 🍈 🚫🗣️ 🖐🏻 ↔️ ON! 🚿

👐🏻

כרפס

___ ___ ___ ___ ___ ___ ___

יחץ

—— —— —— —— —— —— ——

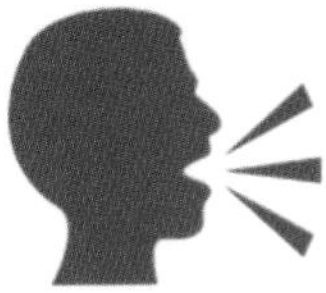

מגיד

הא לחמא עניא

———— ———— ———— ———— ———— ———— ————

מה נשתנה

3 0

עבדים היינו

AB
ON!
2

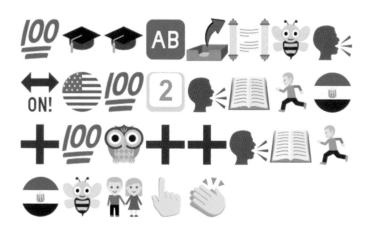

סיפור של החמישה רבנים

━━ ━━ ━━ ━━ ━━ ━━ ━━

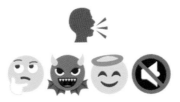

ארבעה בנים

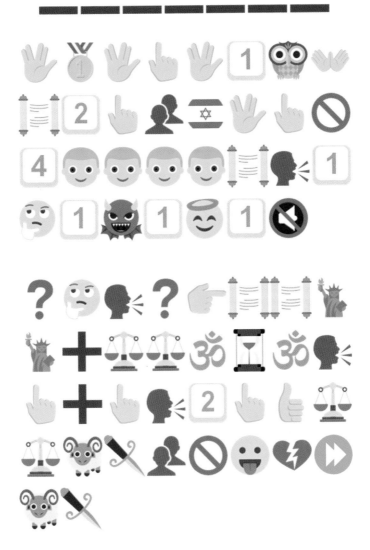

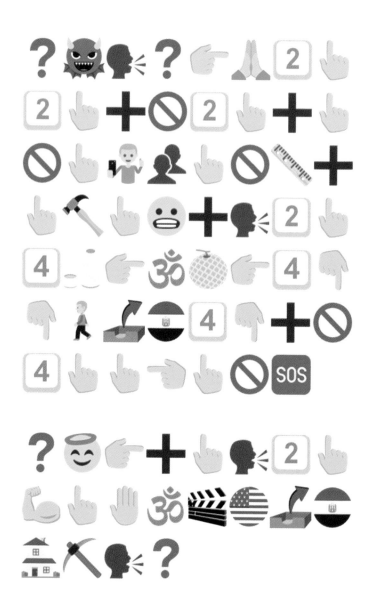

❓👹🗣❓👉🙏2️⃣👆
2️⃣👆➕🚫2️⃣👆➕👆
🚫👆🤳👥👆🚫📏➕
👆🔨👆😬➕🗣2️⃣👆
4️⃣🧻👉🕉🍈👉4️⃣👇
👇🚶📤🇪🇬4️⃣👇➕🚫
4️⃣👆👆👈👆🚫🆘

❓😇👉➕👆🗣2️⃣👆
💪👆✋🕉🎬🇺🇸📤🇪🇬
🏚⛏🗣❓

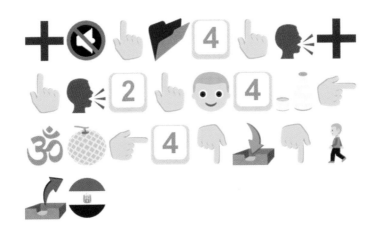

יכול מראש חדש

מתחלה עובדי עבודה זרה היו אבותינו

━━ ━━ ━━ ━━ ━━ ━━ ━━ ━━

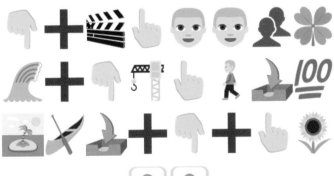

3 9

2
2
2

1
2
1
2
2
18
2
400
JUL
17
JUL
17

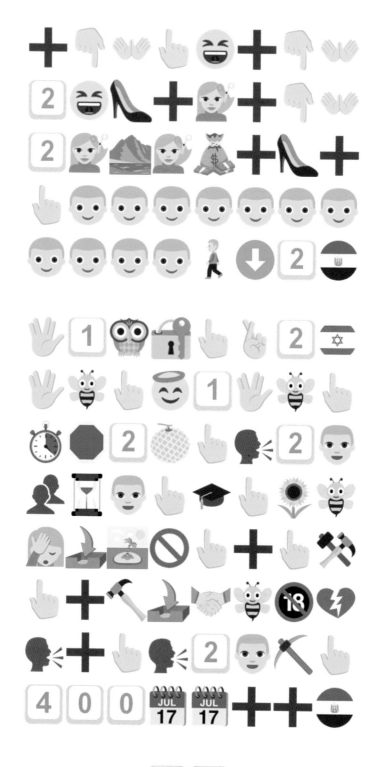

4
SOON

4
4 1 #
2 100
2
1

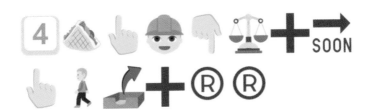

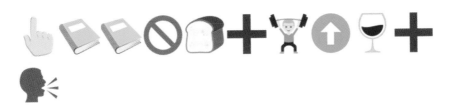

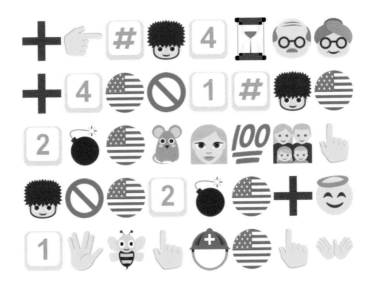

הצהרת הפירות הראשונה

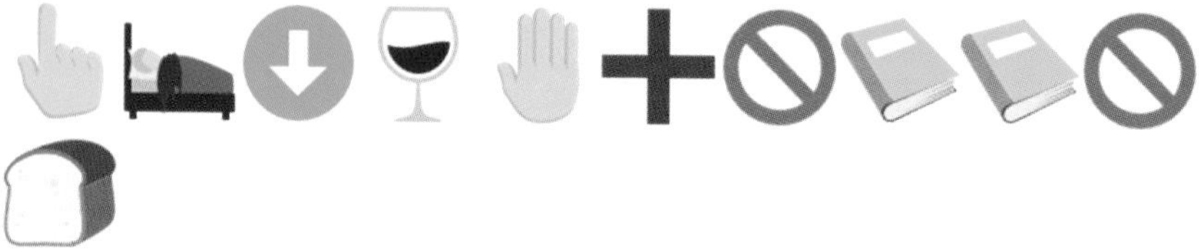

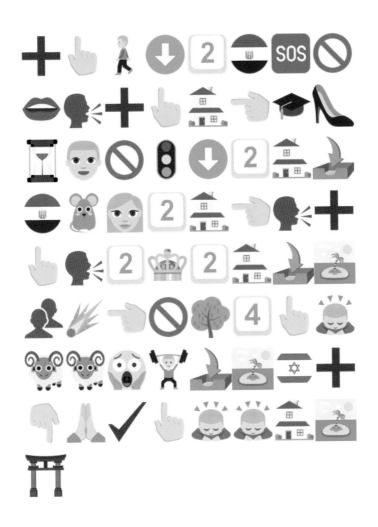

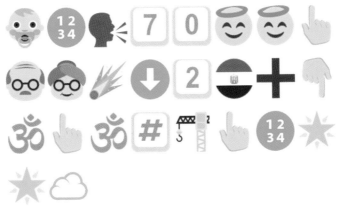

➕👆🚶⬇️2️⃣🇪🇬🆘🚫
👄🗣️➕👆🏯👉🎓👠
⏳👨🚫🚦⬇️2️⃣🏯📥
🇪🇬🐁👩2️⃣🏯👉🗣️➕
👆🗣️2️⃣👑2️⃣🏯📥🏝️
👥☄️👉🚫🌳4️⃣👆🙇
🐏🐏😱🏋️📥🏝️🇮🇱➕
👇🙏✔️👆🙇🙇🏯🏝️
⛩️

👶🔢🗣️7️⃣0️⃣😇😇👆
👴👵☄️⬇️2️⃣🇪🇬➕👇
🕉️👆🕉️#️⃣🏗️👆🔢🌟
🌟☁️

1 2
3 4

1 2
3 4
2
1 2
3 4
AB
2
AB
2

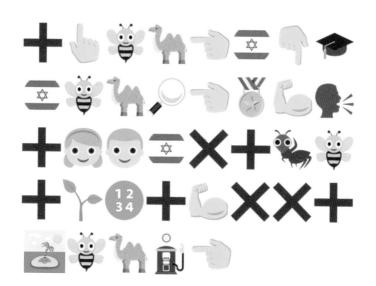

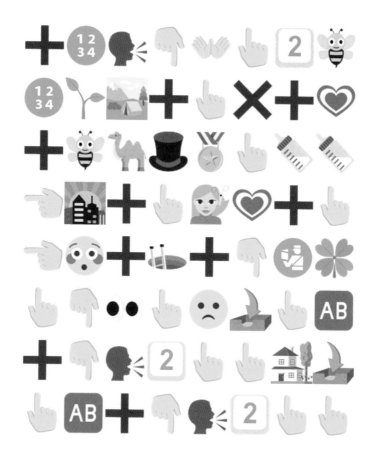

AB

1 2 3 4
2
ON!
1 2 3 4
2
2

1
ON!
2

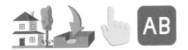

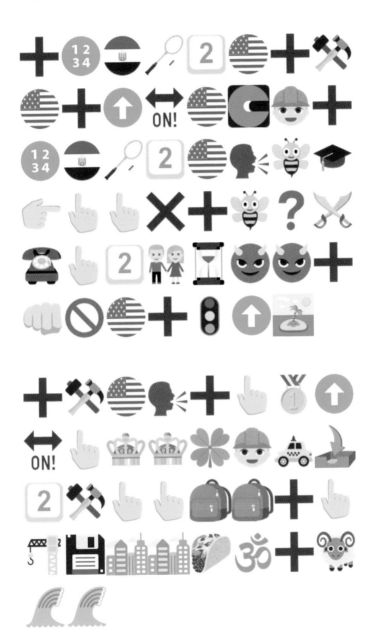

➕⬆️🔛🇺🇸🇨👷🗣️➕
👆⛓️⛓️👧👦🇮🇱💔👷

➕👥😢📤2️⃣🕉️🕉️⏳
👴👵➕🕉️👂🎤➕👆
••⏳⚒️➕⏳🚽➕⏳
☹️

➕👥😢📤2️⃣🕉️🕉️⏳
👴👵🗣️➕👉📥👉❗
☀️☀️👑🇪🇬💀➕👦👧
🇮🇱😤👷➕😱📤➕👆
🙏🚶⬆️2️⃣🕉️👷

➕🕉️👂⏳🎤🗣️➕🕉️

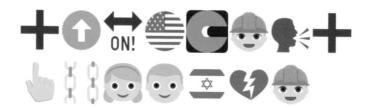

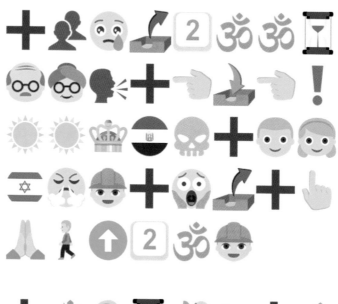

100
2
100

ON!

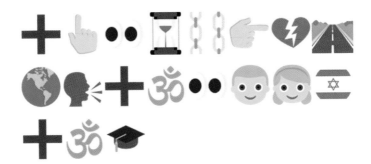

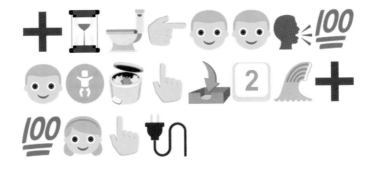

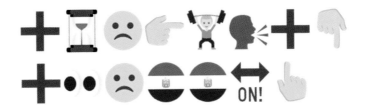

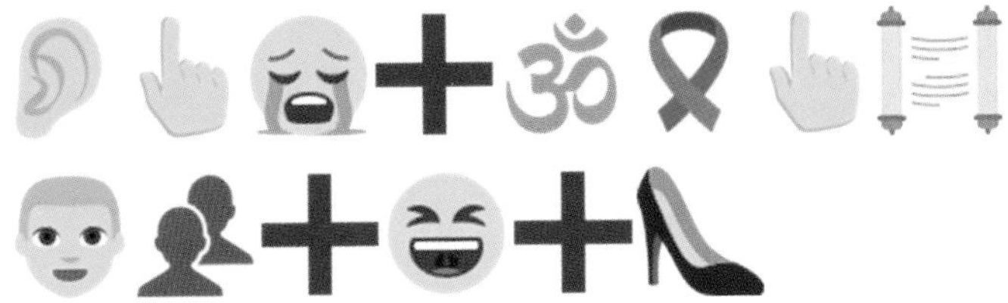

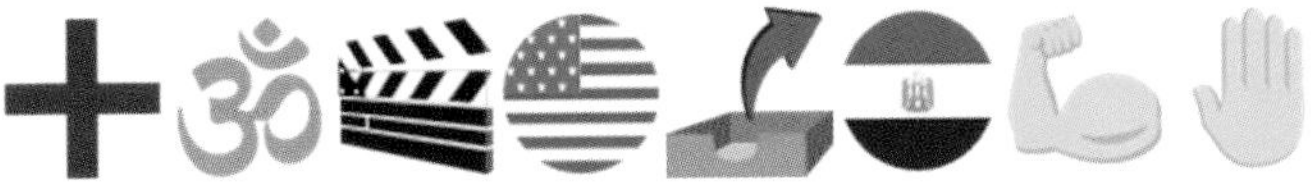

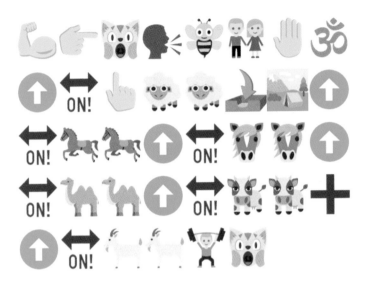

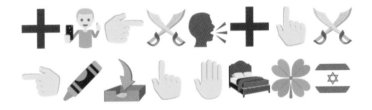

ON!
ON!
ON!
ON!
ON!
ON!

2
4

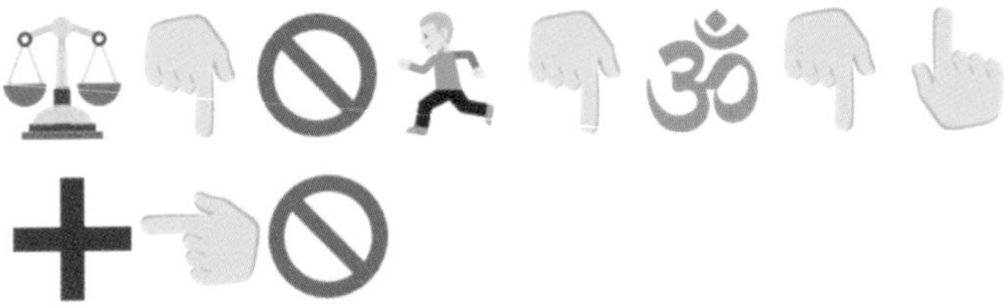

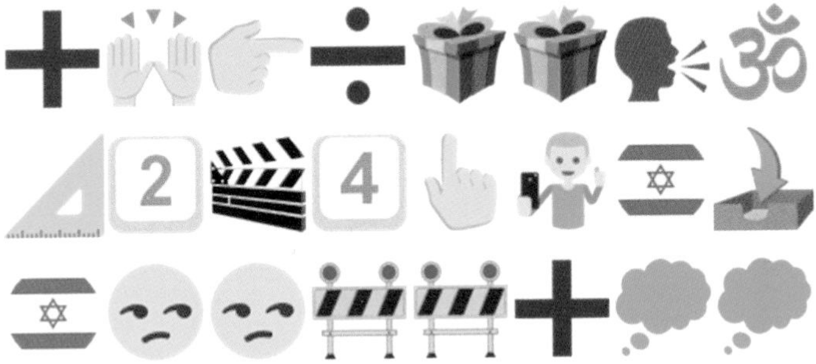

עשר המכות

___ ___ ___ ___ ___ ___ ___

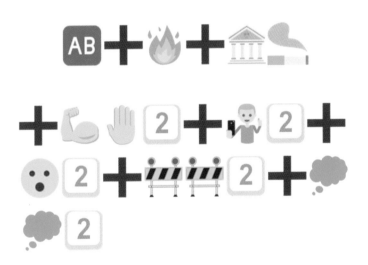

1
ON!

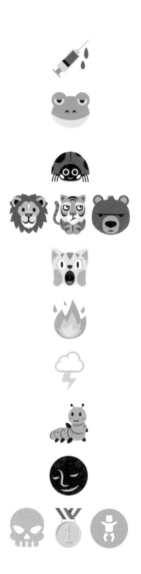

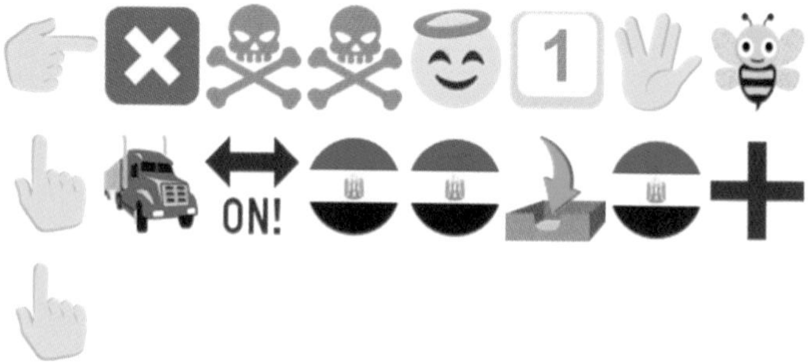

🐰🙌👉👐🚧🚧🥊➖
➕👳

🐰➕🎢🗣❓🛶👆🇪🇬
🇪🇬👉🔨❎☠☠📥🇪🇬
➕🔨5️⃣0️⃣☠☠🌊📥
🇪🇬❓🗣👉🎩🎩🗣2️⃣
👑👉☝🕉➕🌊❓🗣
➕🇮🇱👀🕉❗✋👆⬆️
🔛🇪🇬🇪🇬➕👥😲🕉➕
👆🐝🍃📥🕉➕📥🎨
🌊👆🙇❓🇩🇪👉👆🔨
☝❎☠☠👆🛶🗣👇
📥🇪🇬👆👉🔨❎☠☠

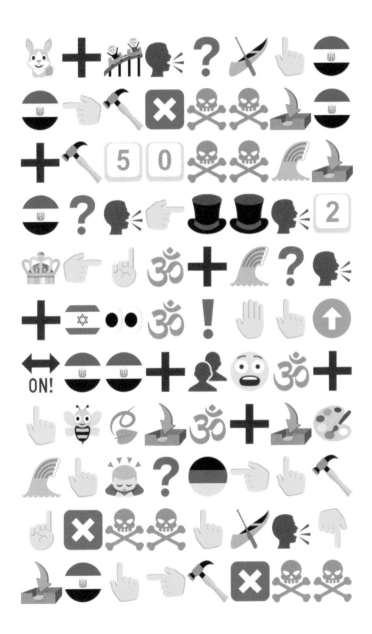

➕🌊👆👉🔨5️⃣0️⃣☠️☠️

🐰🕉️⛑️🗣️❓💯☠️😇
1️⃣🖖🐝👆🚚⬆️🔛🇪🇬
🇪🇬📥🇪🇬👉4️⃣☠️☠️🗣️
👆📫⬆️🔛👆💥👆😠
😈➕🚨➕☹️📫📟📟
😈😈1️⃣➕😡2️⃣➕☹️
📫📟📟😈4️⃣👆🛶🗣️
👇📥🇪🇬👆👉🔨4️⃣0️⃣
☠️☠️➕🌊👆👉🔨2️⃣
0️⃣0️⃣☠️☠️

🐰👠🗣️❓💯☠️😇1️⃣

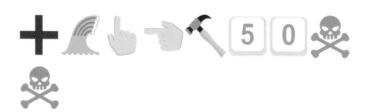

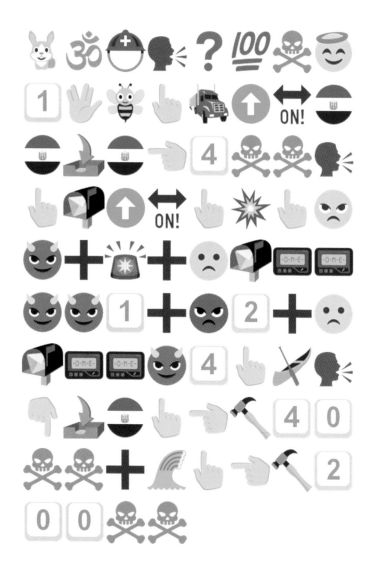

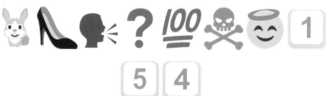

ON!
5
ON!
1
2
3
4
5
5 0
2 5 0

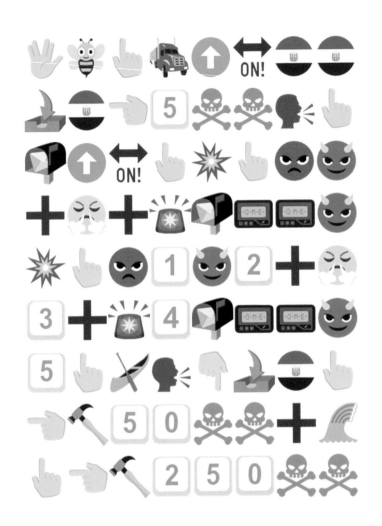

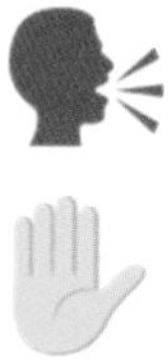

דינו

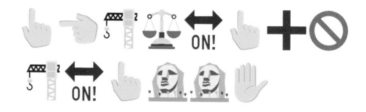

👆👉🪡👆🥇🚼➕🚫
👐🇺🇸👆💰✋

👆👉👐🇺🇸👆💰➕🚫
💔🌊4️⃣🇺🇸✋

👆👉💔🌊4️⃣🇺🇸➕🚫
🎬🇺🇸🏜️✋

👆👉🎬🇺🇸🏜️➕🚫📌
⬇️⌛😈😈🌊✋

👆👉📌⬇️⌛😈😈🌊
➕🚫🎒⌛🍼🍼📥🏜️
4️⃣4️⃣0️⃣📅📅✋

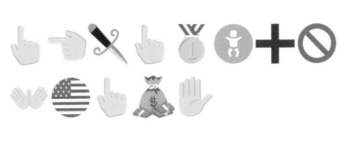

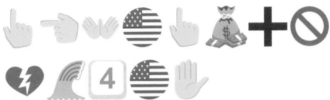

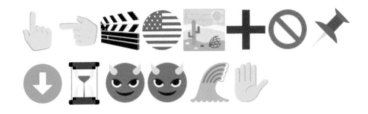

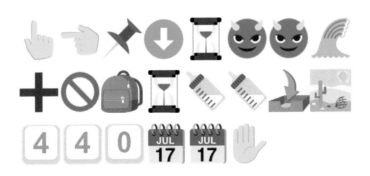

4 4 0
JUL 17
JUL 17

2

2

2

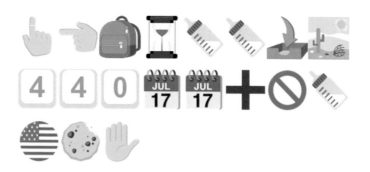

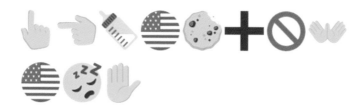

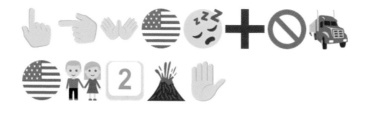

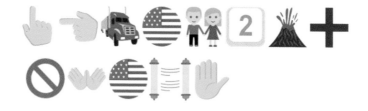

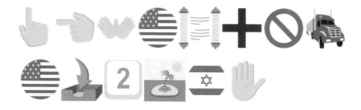

2

2
4
ON!
ON!
ON!
4
4
4
0
JUL
17
JUL
17
2

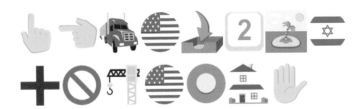

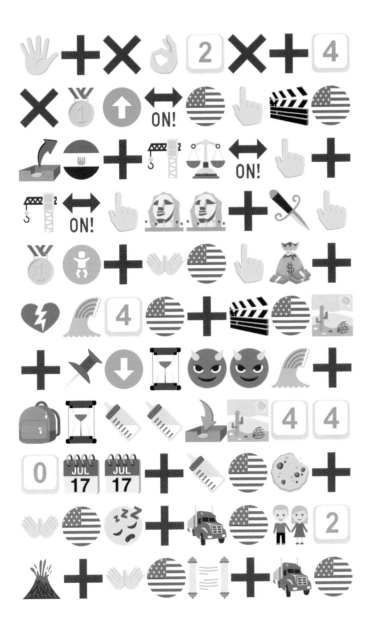

2
2
ON!
100

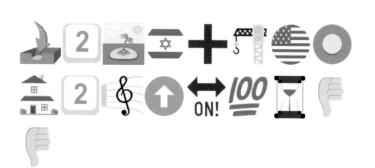

שלשת הדברים של רבן גמליאל

▬ ▬ ▬ ▬ ▬ ▬ ▬

SOS

2

4 ?
4
2 4
1 2
FREE
2
4

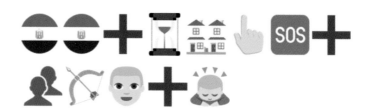

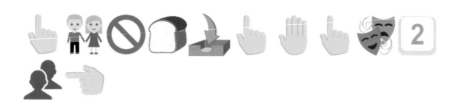

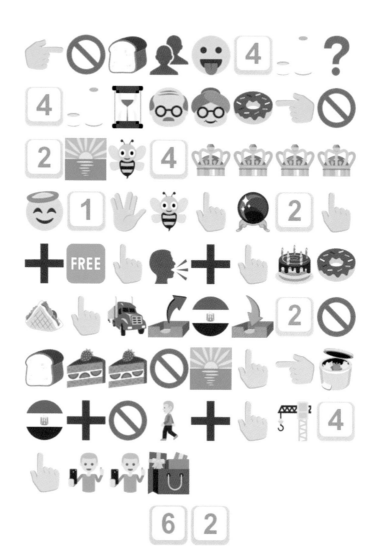

2

4
?
4
100
100

2
4
4
1
FREE

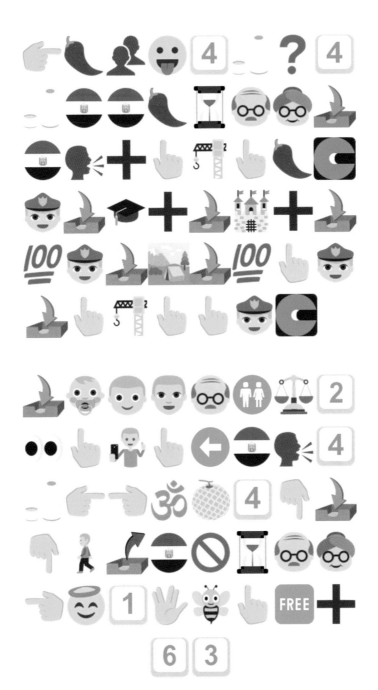

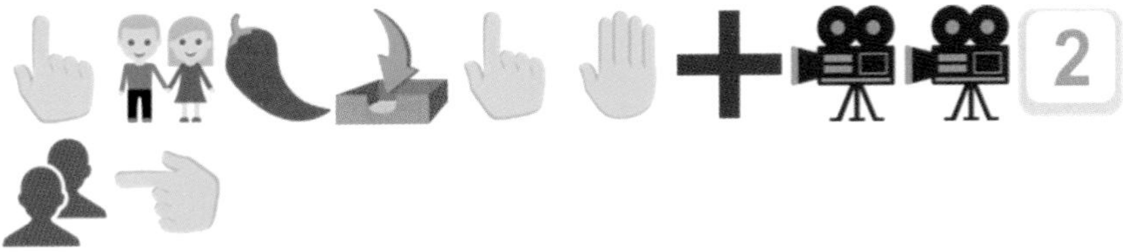

FREE
2
2
2

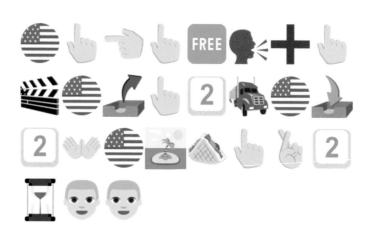

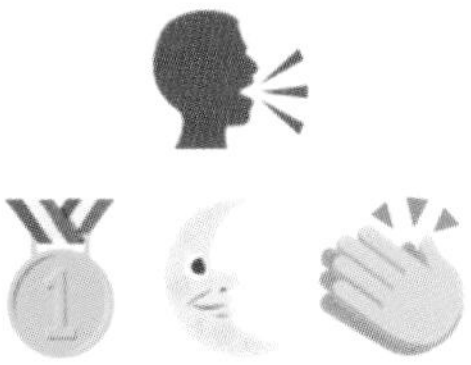

מחצית הראשונה של הלל

———————

2
2
BACK
2
4
4
2
2

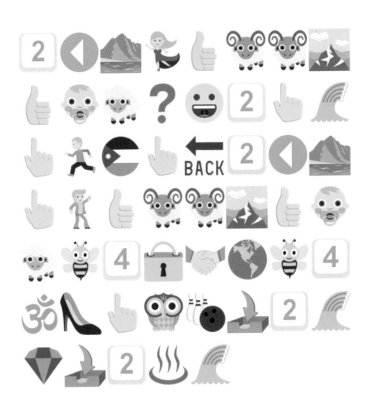

כוס שני

AB
4
NEW
ON!
FREE
ON!
24
FREE

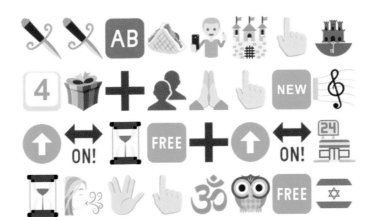

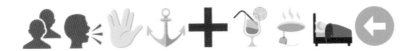

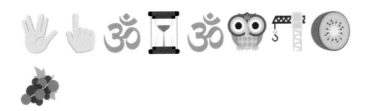

רחצה

מוציא מצה

___ ___ ___ ___ ___ ___ ___ ___

ON!

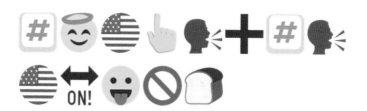

מרור

כורך

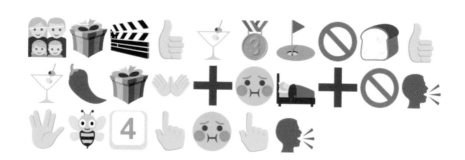

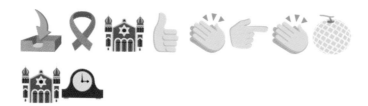

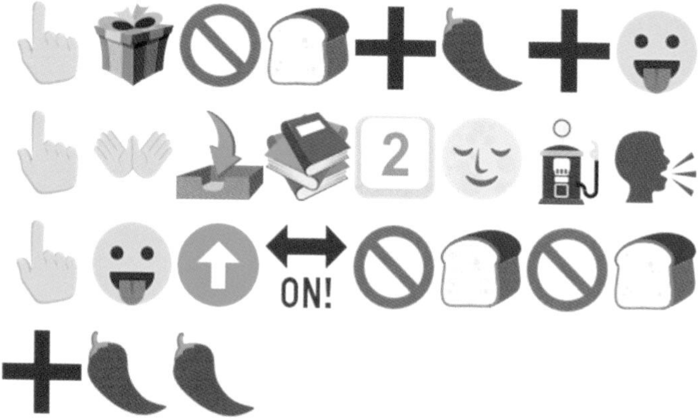

שלחן עורך .

————————

צפון

━━━ ━━━ ━━━ ━━━ ━━━ ━━━ ━━━ ━━━

ברך

ברכת המזון

👆👉☄️📥🕹️🌝🎼➕
🎒👆🍿🍿

3️⃣🦉😛👐⚖️2️⃣📖🖖➕🤴
📖📂

👇🔐🔐👥🖖

💯👆🎁🗣️

📅5️⃣📛🕉️🐝🖖👇➕
4️⃣🌲

🤴🗣️

👍⏳🎩🎩➕⏳🎓🎓

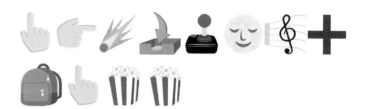

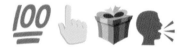

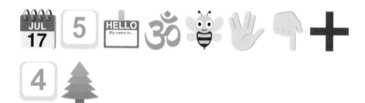

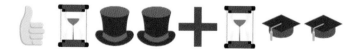

2
100
4
100
JUL
17
5
4
100
4
HELLO
My name is...
4
100
2
100
4
100
100

2
FREE

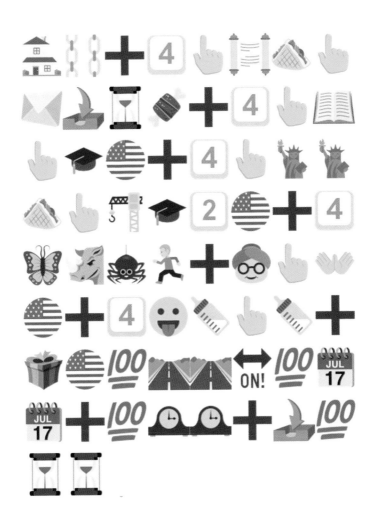

4
4
4
2
4
4
100
ON!
100
JUL
17
JUL
17
100
100

4
JUL
17
5
HELLO
My name is...
100
4
100

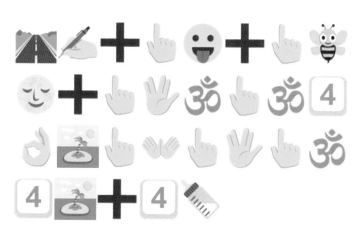

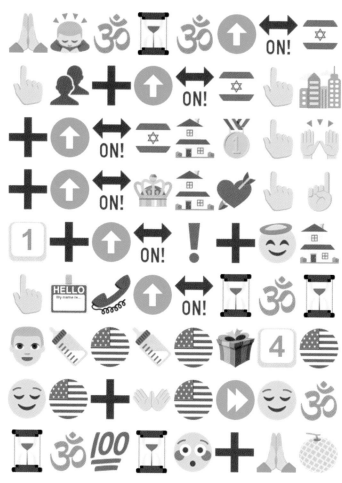

4
4
4

ON!
ON!
ON!
ON!
1
ON!
HELLO
My name is...
ON!
4
100

🚫🏗️🇺🇸😫🕉️⌛🕉️🚫
4️⃣🎁🎁🍬➕🆎➕🚫
👆💰🐭👩👆🌝📂😇
➕↔️✋👥🚫🐝😳➕
👥🚫🐝😳4️⃣🌲➕💯
🛣️🛣️

🔛📅7️⃣👥➕

📅5️⃣👆🐝🙏2️⃣💪🇺🇸
🕉️⌛🕉️📥👆🗣️➕📥
🗣️7️⃣☀️👉❗➕😇📅
7️⃣👉☀️❗➕😇🐝4️⃣
👆2️⃣🛑👷⬆️🔛➕🚻
⬆️🔛❤️🗣️👆📝➕👆

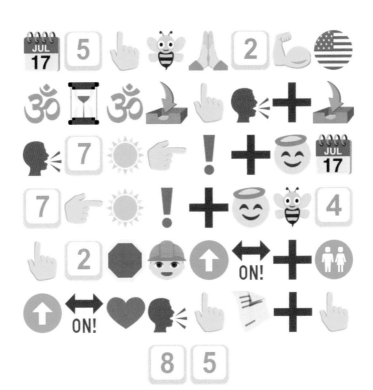

ON!
JUL
17
5

JUL
17
5
100

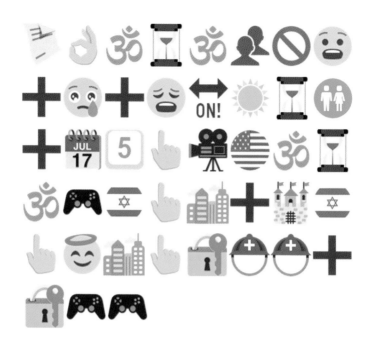

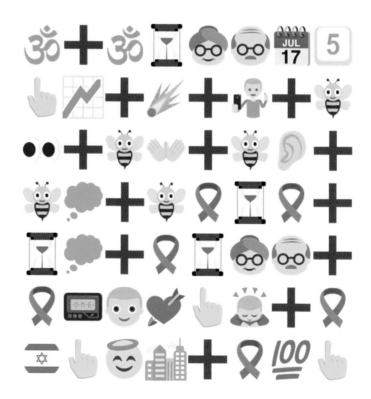

4
4
4
4
4
4
4
4
4
ON!
ON!
ON!
ON!
SOS
SOS
SOS
ON!
ON!
JUL
17
5
A

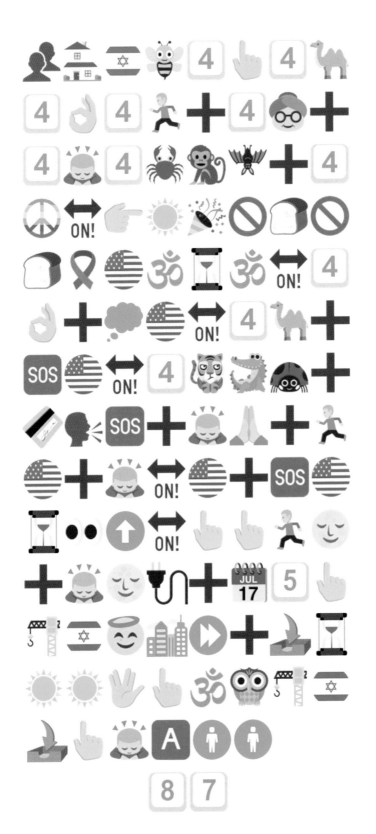

FREE
ON!
SOS
JUL
17

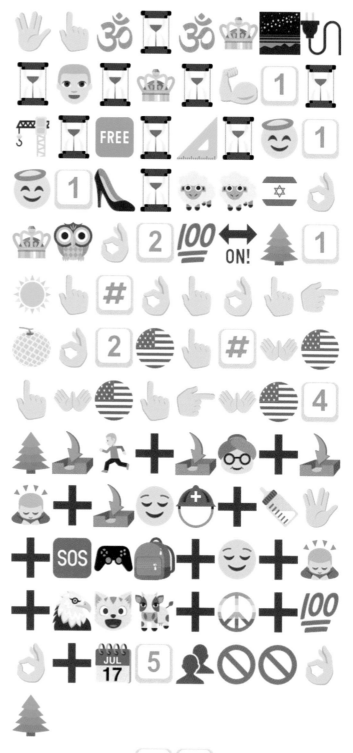

📫🇺🇸🕉👇🕉🔮📅5️⃣
👆🐝🎗4️⃣👌➕👆🗣
2️⃣🇺🇸🌊🌊👌🆘➕🎮

📅5️⃣🙇🌝1️⃣🖖👇👨
👇👩📅5️⃣🙇🌝1️⃣🖖
➖👇👨👇🏫➖🔐👇
🏠➕➖👇🤰👇🏫➖
👰👇🏠👆➕👆🏠➕
👆🚸➕🌲🤔👆🇺🇸➕
💯⏳⏳👉🖖👨🇪🇺😆
➕👠📥🌲🤔🌲🤔🌲
🤔➕👆🖖🇺🇸💯🇺🇸👐
💯🖖➕👥🗣🅰🚹🚹

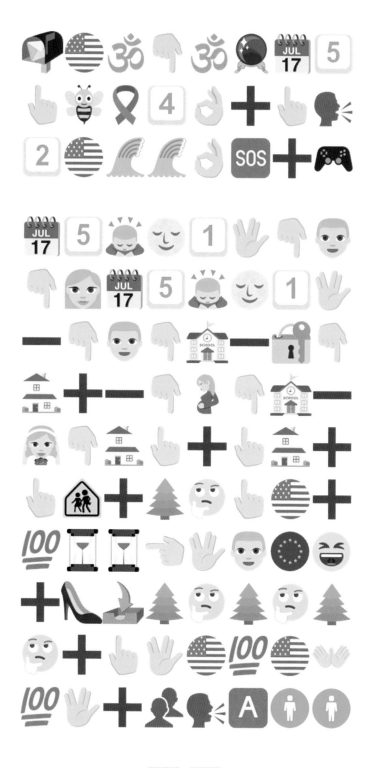

☝️📅5️⃣👆🗣️⬆️🔛👆
➕⬆️🔛🇺🇸🌟🔐🇺🇸📥
☮️➕📅5️⃣👥🎒🖖☮️
🕉️➕💰🕉️⌛🆘➕🔍
🏃➕➕👌🎓📥••🕉️
➕👨

🔛📅7️⃣📅5️⃣🙇🌝1️⃣
👐🇺🇸2️⃣💰☀️👉🐝💯
📅7️⃣➕🚻📥🌲⏪🐗
🐬🐛

📅5️⃣🙇🌝1️⃣👐🇺🇸2️⃣
💰☀️👉🐝💯👌

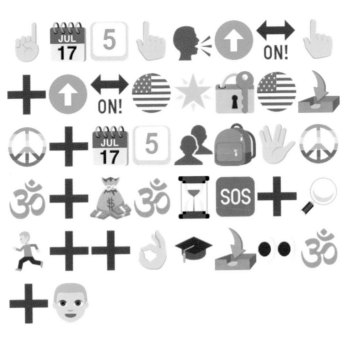

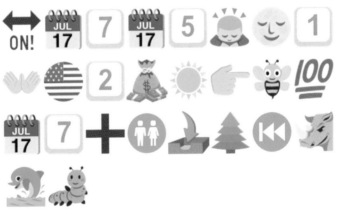

✋➕😌📃💯🐜🐳🦌
🤔🤔🖖👨❤️📥🕉➕
🕉👆🔐👇👈👦➕👇
➕👴➕👇🚫👀➡️👨
4️⃣🍼➕👆👶🔍🍞🕉
👉👐💪2️⃣👆👥🕉👉
🖖👆👥☮️

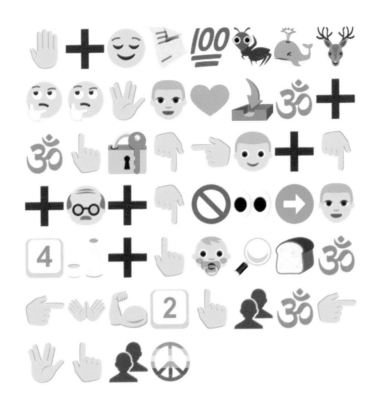

כוס שלישי

שפך חמתך

— — — — — — —

הלל

מחצית השנייה של ההלל

99

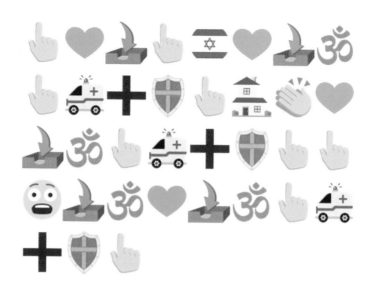

🚫💀👉👏🕉➕🚫👆
🚦⬇️🔇👥👉🖖🕉⬇️
➕4️⃣🌲🙌

⬇️❤️🕉👆👂👇🗣👇
🙇👆🛏👆👂2️⃣👇➕
📥👇☀️☀️👇👉📞📤
😬💀🌕👇➕📏⛳🔍
👇➕👇🔍😮➕📥📛
🕉👇📞🙇🕉🎳👇👞
🏃🕉➕➡️➕⏳🕉🎭
🙇🌝🕉⌚⌚🍀🙃👇
👞2️⃣👆☮️🕉#️⃣🎁👆
👆⛑👇👞💀👇👁😫

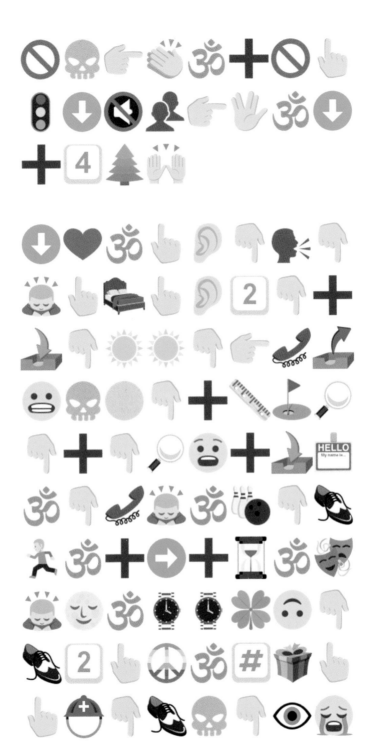

HELLO
My name is...

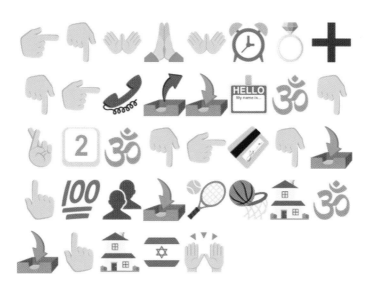

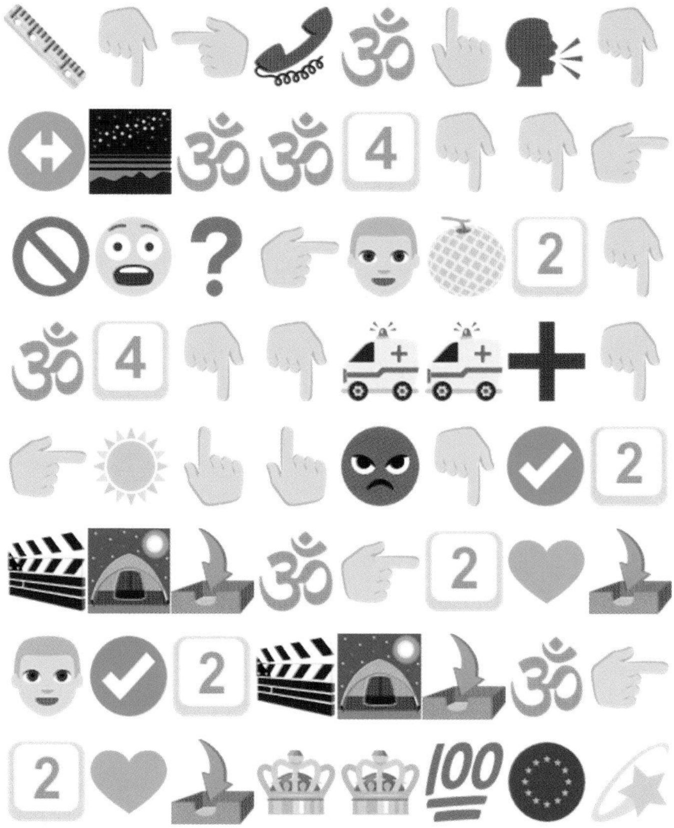

HELLO
My name is...
HELLO
My name is...
HELLO
My name is...
2
#
SOS
SOS
#
#
2
4

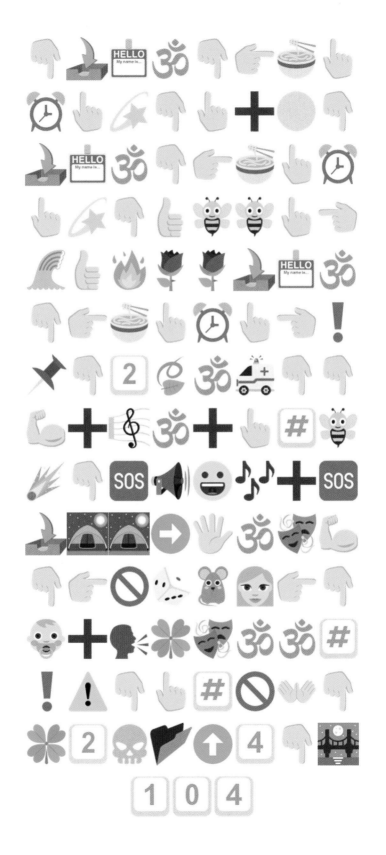

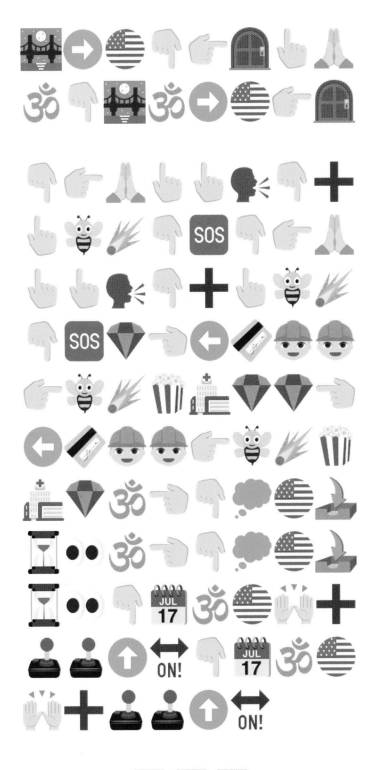

SOS
SOS
JUL
17
ON!
JUL
17
ON!

🙏🕉🆘🇺🇸⬇️🙏🕉🆘
🇺🇸⬇️🙏🕉👐🇺🇸🥇⬇️
🙏🕉👐🇺🇸🥇⬇️

🖖🐝1️⃣🦉☄️📥📛🕉
👥👈🖖👆🏠🕉🖖🐝
1️⃣🦉☄️📥📛🕉👥👈
🖖👆🏠🕉🕉🕉👆🔦
🇺🇸👔⬆️🎉⏰💍〽️〽️
🤳🍿🏥🇬🇮🕉🕉👆🔦
🇺🇸👔⬆️🎉⏰💍〽️〽️
🤳🍿🏥🇬🇮👆👇💪➕
👇👉🙏👆👇🕉➕👇
👈👏👆👆👇💪➕👇

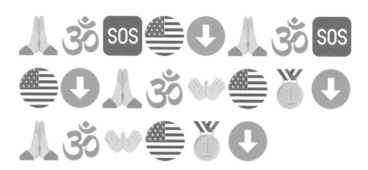

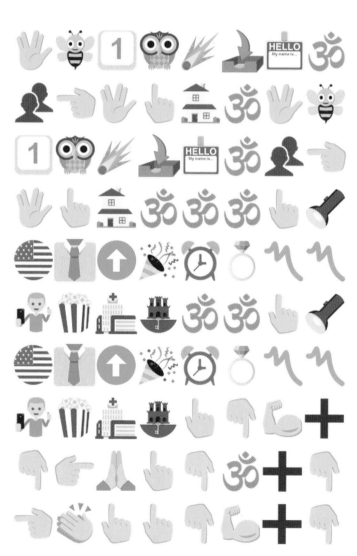

4
4

100
1
1
1
1
100
HELLO
My name is...
2
2
HELLO
My name is...
2
100
4

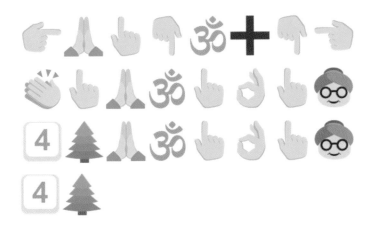

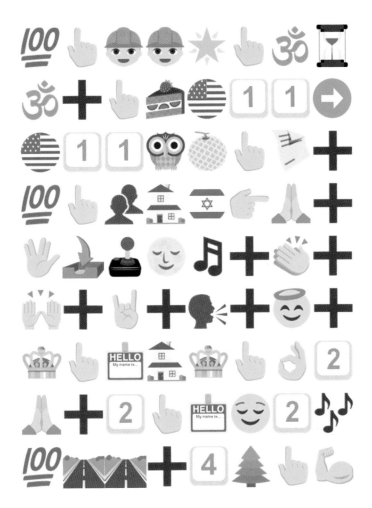

שירי שבח ותודה

108

➕👆🎬🇮🇱📤👆🔑4️⃣🌲👆👵

💪✋➕🤳🔑4️⃣🌲👆👵

2️⃣1️⃣🦉✂️⬆️🔴🌊📥2️⃣🐅🔑4️⃣🌲👆👵

➕👆🏗️🇮🇱2️⃣🛂🔑4️⃣🌲👆👵

➕👆⚡👑➕👆💂💂📥🔴🌊🔑4️⃣🌲👆👵

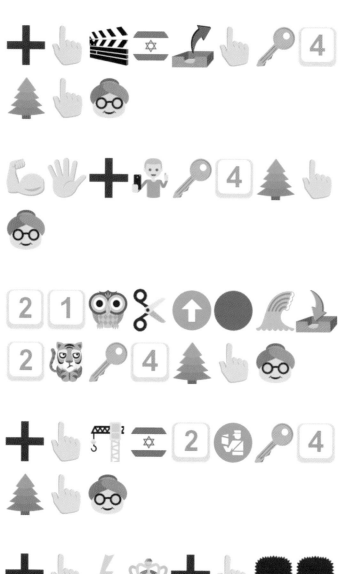

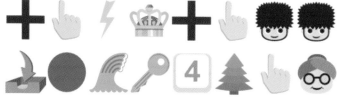

2️⃣1️⃣🦉📒👆👥📥🏜️
🔑4️⃣🌲👆👵

2️⃣1️⃣🦉🔨❗👑👑🔑
4️⃣🌲👆👵

➕👆🗡️💪👑👑🔑4️⃣
🌲👆👵

🌊🍦👑❤️➡️🔑4️⃣🌲
👆👵

➕👁️👑👊🔑4️⃣🌲👆
👵

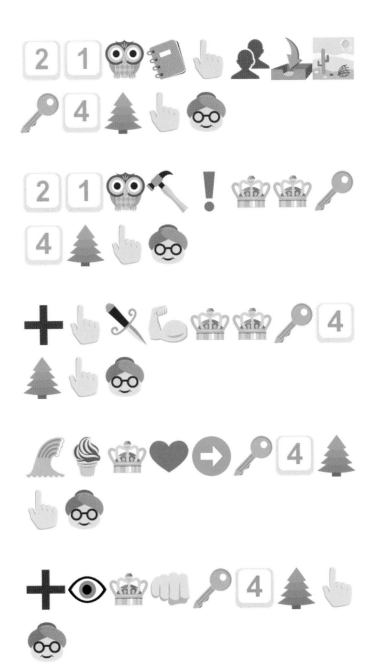

➕👆👐👆🏝️💰🔑4️⃣🌲👆👵

💰4️⃣🇮🇱👆🙇🔑4️⃣🌲👆👵

📥⏳⬇️👆🎗️🇺🇸🔑4️⃣🌲👆👵

➕👆🚛🇺🇸⏳😈😈🔑4️⃣🌲👆👵

👆👐🍞2️⃣💯🍖🔑4️⃣🌲👆👵

👠💯💲🐝🖖👆📛🕉️

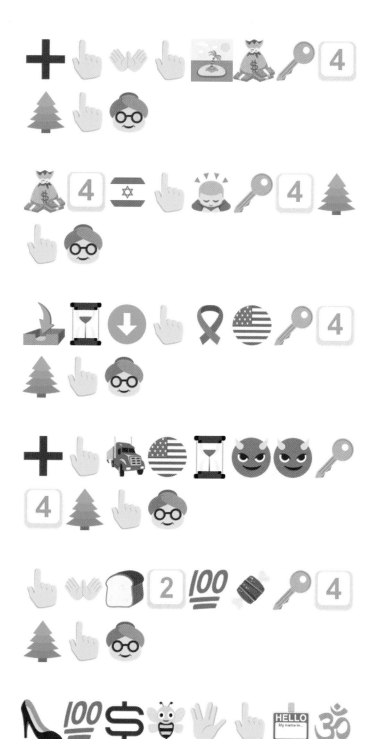

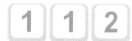

HELLO
My name is...
1 1
0 0 0 1 0 0 0 1
0 0 0 1 0 0 0
FREE

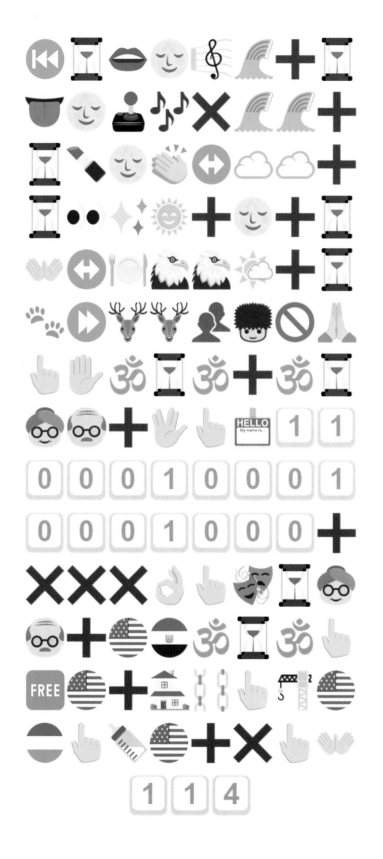

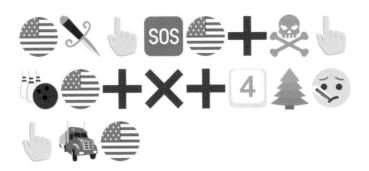

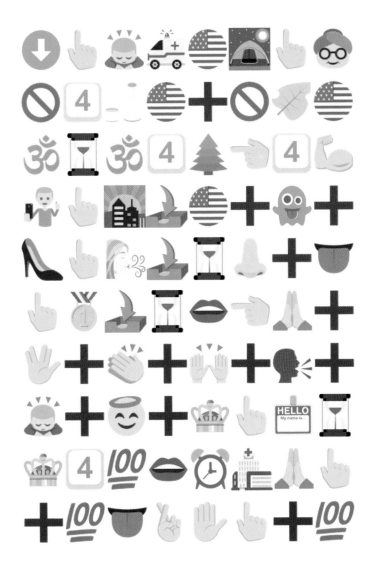

SOS
4

4
4
4
HELLO
My name is...
4
100
100
100

SOS
HELLO
My name is...

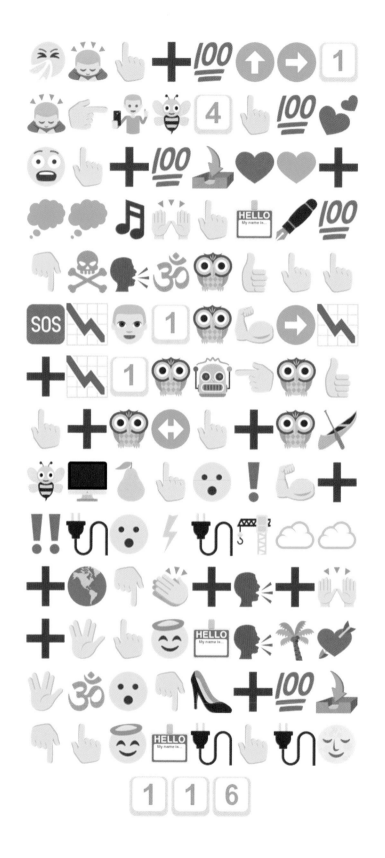

1 4
HELLO
My name is...
100
HELLO
My name is...
1 1

HELLO
My name is...
100
100
4

2 2 2 2
2 2 2 2
2
1

JUL
17
5
HELLO
My name is...
4
4
4

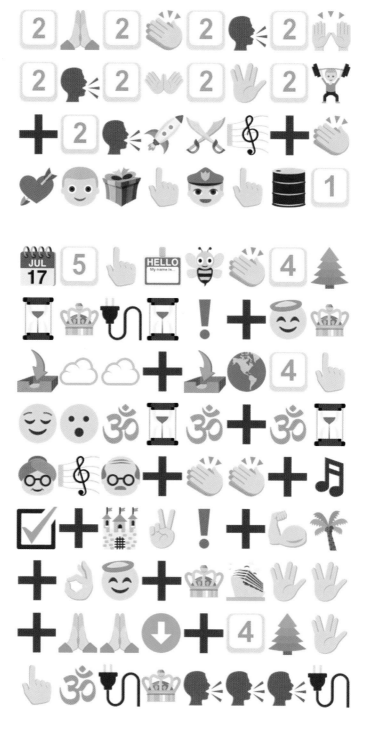

כוס רביעי

נרצה

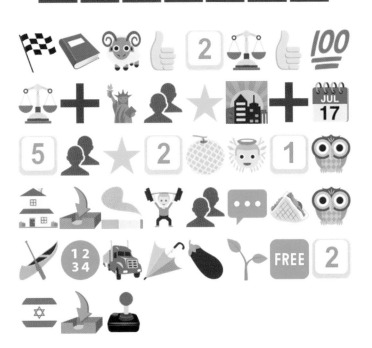

חסל סדור פסח

━━ ━━ ━━ ━━ ━━ ━━ ━━

לשנה הבאה

ויהי בחצי הלילה

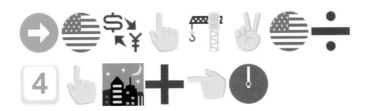

1
SOS
SOS

ON!
NEWS
4
1

1
100
100

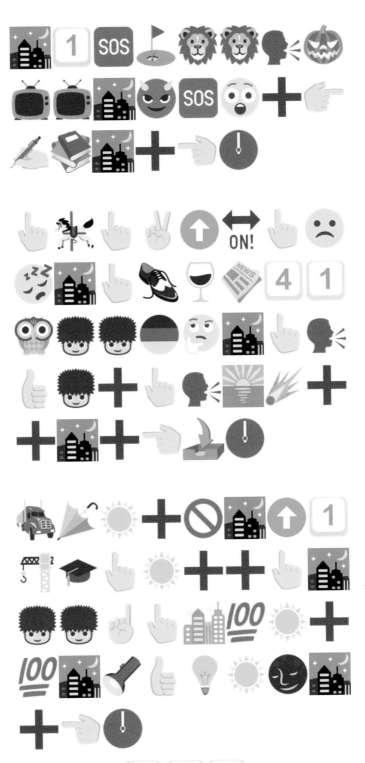

זבח פסח

━━━ ━━━ ━━━ ━━━ ━━━ ━━━ ━━━ ━━━

4

ON!
ON!
END
ON!

100
ON!
1
AB
ON!
2
ON!

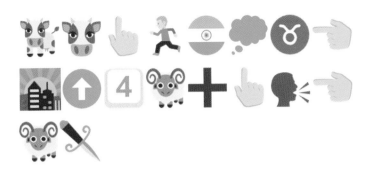

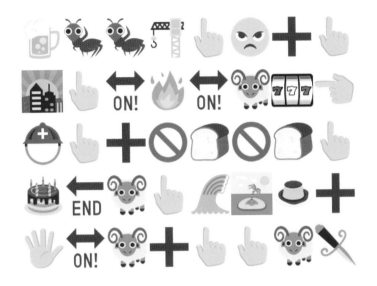

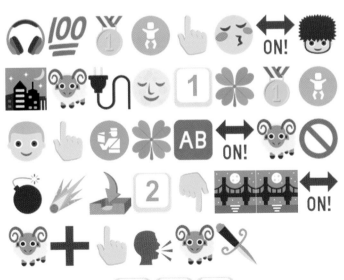

1
ON!
ON!

2
2
2
1
ON!
ON!

2
3
ON!
ON!
5
0
ON!
2
ON!

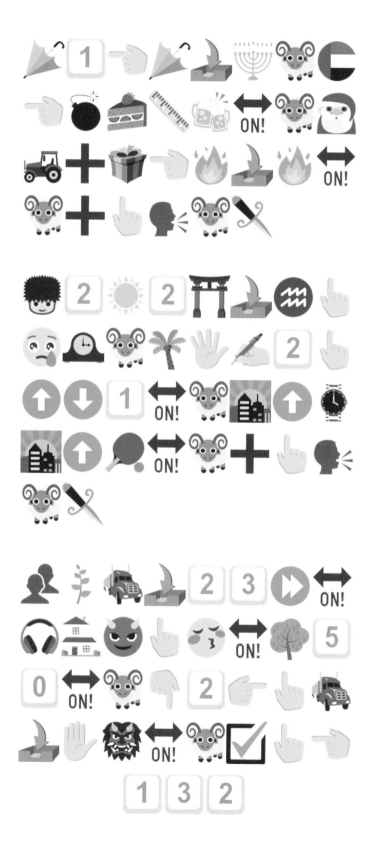

😇 ↔️ 🎉 🐏 ➕ 👆 🗣️ 🐏 🗡️

כי לו נאה

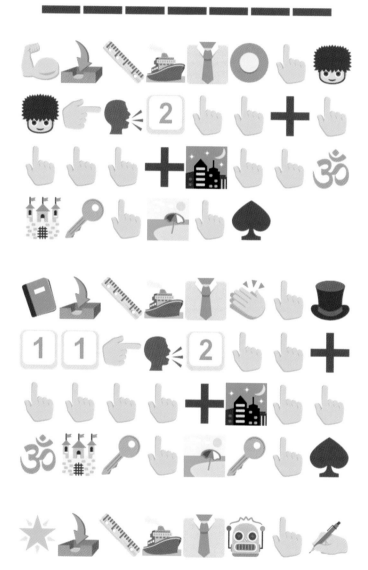

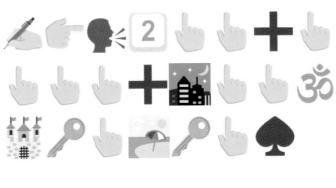

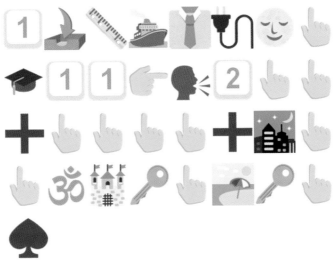

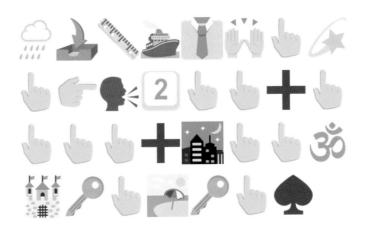

✍️👉🗣️2️⃣👆👆➕👆
👆👆👆➕🌃👆👆🕉️
🏰🔑👆🏖️🔑👆♠️

1️⃣🗳️📏🚢👔🔌🌝👆
🎓1️⃣1️⃣👉🗣️2️⃣👆👆
➕👆👆👆👆➕🌃👆
👆🕉️🏰🔑👆🏖️🔑👆
♠️

🌧️🗳️📏🚢👔🙌👆💫
👆👉🗣️2️⃣👆👆➕👆
👆👆👆➕🌃👆👆🕉️
🏰🔑👆🏖️🔑👆♠️

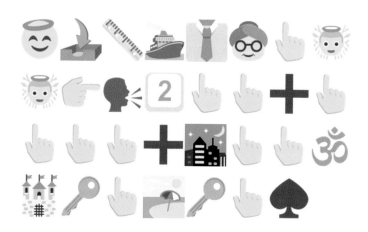

אדיר הוא

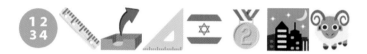

ספירת העמר

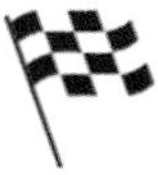

_______ _______ _______ _______ _______ _______ _______

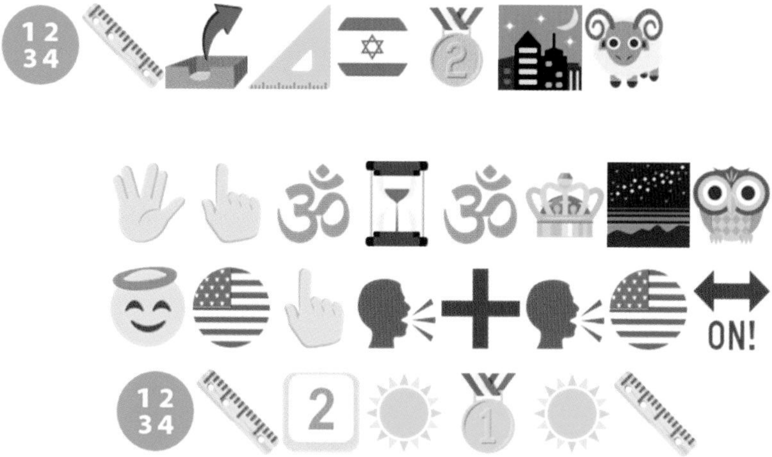

🏁

🦉👃1️⃣

אחד מי יודע

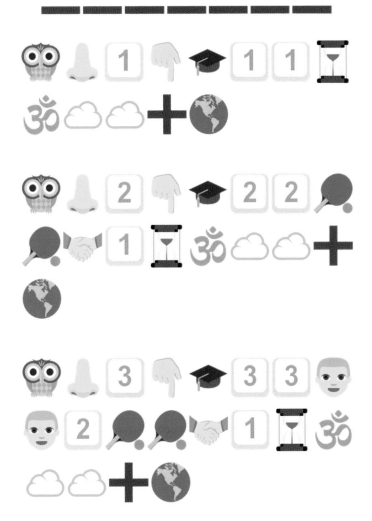

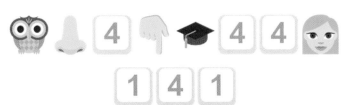

🦉👃1️⃣👇🎓1️⃣1️⃣⏳🕉☁☁➕🌎

🦉👃2️⃣👇🎓2️⃣2️⃣🏓🏓🤝1️⃣⏳🕉☁☁➕🌎

🦉👃3️⃣👇🎓3️⃣3️⃣👨👨2️⃣🏓🏓🤝1️⃣⏳🕉☁☁➕🌎

🦉👃4️⃣👇🎓4️⃣4️⃣👩

👩3️⃣👨👨2️⃣🏓🏓🤝
1️⃣⌛🕉☁️☁️➕🌎

🦉👃5️⃣👇🎓5️⃣5️⃣📚
📜4️⃣👩👩3️⃣👨👨2️⃣
🏓🏓🤝1️⃣⌛🕉☁️☁️
➕🌎

🦉👃6️⃣👇🎓6️⃣6️⃣⚖️
⚖️🤝5️⃣📚📜4️⃣👩👩
3️⃣👨👨2️⃣🏓🏓🤝1️⃣
⌛🕉☁️☁️➕🌎

🦉👃7️⃣👇🎓7️⃣7️⃣☀️
☀️📅6️⃣⚖️⚖️🤝5️⃣📚

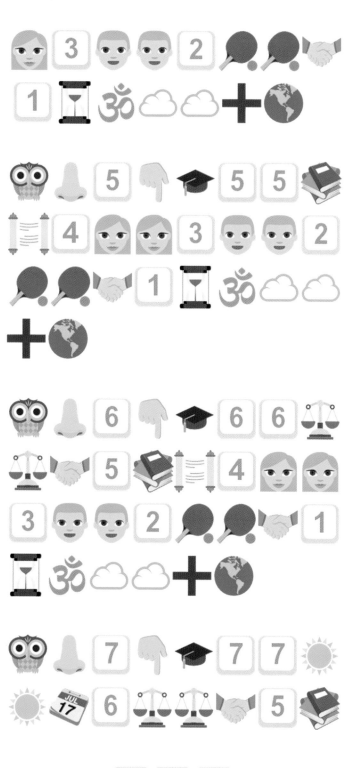

📜4️⃣👩👩3️⃣👨👨2️⃣
🏓🏓🤝1️⃣⌛🕉️☁️☁️
➕🌎

🦉👃8️⃣👇🎓8️⃣8️⃣☀️
☀️🗡️7️⃣☀️☀️📅6️⃣⚖️
⚖️🤝5️⃣📚📜4️⃣👩👩
3️⃣👨👨2️⃣🏓🏓🤝1️⃣
⌛🕉️☁️☁️➕🌎

🦉👃9️⃣👇🎓9️⃣9️⃣🌜
🌛🚼8️⃣☀️☀️🗡️7️⃣☀️
☀️📅6️⃣⚖️⚖️🤝5️⃣📚
📜4️⃣👩👩3️⃣👨👨2️⃣

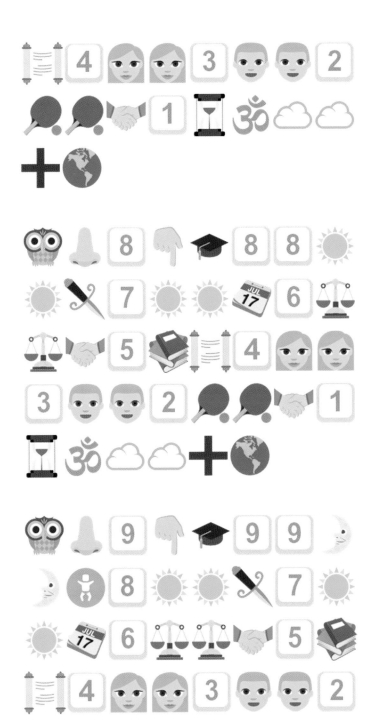

🏓🏓🤝1️⃣⏳🕉☁☁
➕🌎

🦉👃🔟👇🎓🔟🔟🗣
🗣9️⃣🌜🌜🚼8️⃣☀☀
🗡7️⃣☀☀📅6️⃣⚖⚖
🤝5️⃣📚📜4️⃣👩👩3️⃣
👦👦2️⃣🏓🏓🤝1️⃣⏳
🕉☁☁➕🌎

🦉👃1️⃣1️⃣👇🎓1️⃣1️⃣
1️⃣1️⃣⭐⭐🔟🗣🗣9️⃣
🌜🌜🚼8️⃣☀☀🗡7️⃣
☀☀📅6️⃣⚖⚖🤝5️⃣
📚📜4️⃣👩👩3️⃣👦👦

1️⃣4️⃣4️⃣

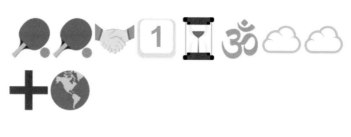

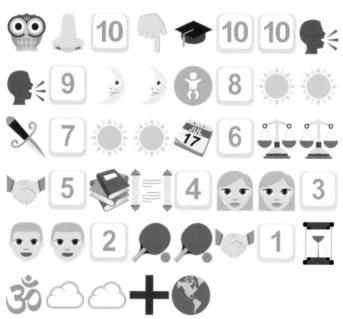

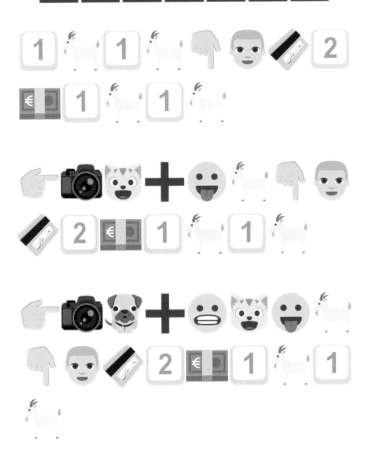

🏁

1️⃣🐐

חד גדיא

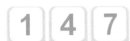

1️⃣🐐1️⃣🐐👇👨💳2️⃣💶1️⃣🐐1️⃣🐐

👉📷😺➕😛🐐👇👨💳2️⃣💶1️⃣🐐1️⃣🐐

👉📷🐶➕😬😺😛🐐👇👨💳2️⃣💶1️⃣🐐1️⃣🐐

👉📷🏒➕👊🐶😬😺

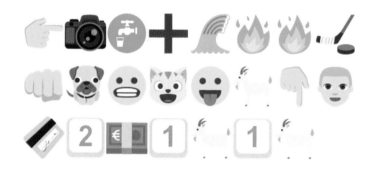

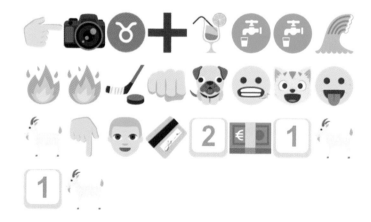

😛🐐👇👦💳2️⃣💶1️⃣🐐1️⃣🐐

👉📷🔥➕🔥🏒👊🐶😬😺😛🐐👇👦💳2️⃣💶1️⃣🐐1️⃣🐐

👉📷🚰➕🌊🔥🔥🏒👊🐶😬😺😛🐐👇👦💳2️⃣💶1️⃣🐐1️⃣🐐

👉📷♉➕🍹🚰🚰🌊🔥🔥🏒👊🐶😬😺😛🐐👇👦💳2️⃣💶1️⃣🐐1️⃣🐐

👉📷🗡️➕☠️♉🍹🚰
🚰🌊🔥🔥🏒👊🐶😬
😺😛🐐👇👨💳2️⃣💶
1️⃣🐐1️⃣🐐

👉📷👼☠️➕☠️🗡️♉
🍹🚰🚰🌊🔥🔥🏒👊
🐶😬😺😛🐐👇👨💳
2️⃣💶1️⃣🐐1️⃣🐐

👉📷😇1️⃣🖖🐝👆➕
☠️👼☠️☠️🗡️☠️♉🍹
🚰🌊🔥🔥🏒👊🐶😬
😺😛🐐👇👨💳2️⃣💶
1️⃣🐐1️⃣🐐

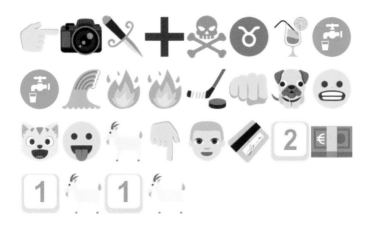

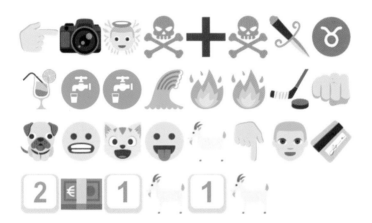

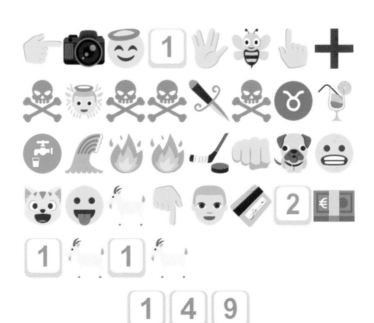

How to Read This Book, in 14 Plain Steps

or

ארבע עשר מי יודע

1) If you opened this book from the right, and are reading it right to left, then you're doing it wrong. Close the book, turn it over to the side that has only emojis, and begin reading left to right.
2) Put yourself in the mindset that this is how we humans began to record their interpretations of the world. Letters and words are far more abstract than images, which have universal meaning, rather than meaning in a single language.
3) Know that I used the English translation online at Sefaria.org (this is my way of giving them props), word for word, to translate everything into emoji. If you hold the two Haggadah texts side by side, you'll be well on your way. But really, you can hold up any haggadah next to this one, and you'll be in good hands. The full Sefaria Passover Haggadah text is at the end of this book. Feel free to flip back and forth.
4) Now then, most of the images are translations of the English translation of the Haggadah, while some are of the original Hebrew (like "shell" on the cover). Where I got a little creative was mostly with proper nouns. For example, Yaakov means "heel," so he's depicted by an image of a shoe. However, Gamliel is an emoji combination of Game (console) + Mali (flag) + Elf. That one was a stretch, but I'm just introducing you to how my brain works.
5) Some emojis stand in for many different words, but a specific word, once standing in for an emoji, remains the same throughout. I established that consistency to make the reading easier.
   a. For example, the pointing fingers mean all different kinds of things, but once they mean *some*thing, they mean that throughout the text.
      i. Specific example: finger pointing up: you. Finger pointing down: me. Finger pointing right: here. Finger pointing left: there.
6) Most words are represented by a single emoji. It was only when I couldn't find a single emoji representation that I resorted to two emojis, and sometimes, more.

    a. Example #1: there is no matza emoji. I therefore used the "Ghostbusters" symbol, and bread.

    b. Example #2: I couldn't figure out what to put in for "forever." At press time, there is no such symbol, though the ∞ symbol is coming soon. For now, though, I used the number 4, and a picture of an evergreen.

        i. That one's a bit of a stretch, I know, but I was desperate.

7) Notice that some "text" is flush with the left margin, and some is centered? The flush left text is the instructional stuff, telling you what to do: uncover the matzah, pour the next cup, etc. The centered text is the text that is actually read at the *seder* table.

8) It's helpful to realize that there are some words that are completely missing from the emoji set. Specifically, many conjunctions and prepositions aren't there, which was surprising and made things a bit difficult, forcing some creativity and stretches to convey meaning. The words Of, The, But, An, And, When, and Or (There's not even the mathematical symbol for it!) are nowhere to be found. Once you get used to that idea, the reading gets easier.

9) In the next section, I'll explain my symbol for G-d. Note that any other purple squares are usually zodiac symbols, which were useful when I couldn't find anything in the standard emoji set.

10) Bear in mind that I am translating the English translation of the Haggadah, not the Hebrew translation. Verbs and nouns are ordered differently. This will come into play when you read some of the Hebrew translations of sections.

11) Generally, when a word is plural, I placed the emoji twice.

12) Sorry the page numbering is too big. You wouldn't believe the trial that was. I shake my fist at Microsoft Word.

13) Don't bother translating *Nishmas*. You'll never get done. Move on.

14) Read the next section.

Key

Because I Couldn't Figure Out the Emoji for

Glossary, Appendix, or Index

or

The Top 20 Emojis, Explained

In this section, I'll provide you with some of the most often-used emojis and brief explanations, to give you a start towards deciphering the manuscript. This will further unlock some of the mysteries in the last section.

To warm you up, let's work off a sampler of full paragraphs and translations:

On weekdays, begin here.

Savri (Attention!), *Maranan* (distinguished/esteemed ones), *ve'rabanan* (masters), *ve'rabbosai* (and teachers).

Blessed are You, L-rd our G-d, King of the universe, who creates the fruit of the vine.

Then came the Holy One, blessed be He and slaughtered the angel of death, who slaughtered the *shochet*, who slaughtered the bull, that drank the water, that extinguished the fire, that burnt the stick, that hit the dog, that bit the cat, that ate the kid that my father bought for two *zuz*, one kid, one kid.

Now let's break down singular emojis:

 G-d. How is this G-d? Well, there *is* no emoji for G-d, or anything else, really, that could stand in for Him. A smiley face with a halo is for "innocent" or "holy." Also, it wouldn't be appropriate to present Him in a non-abstract way. Cutely, my daughter says she imagines Him as a cloud, but that's already presenting Him concretely. I went with the symbol for "Om," which stands in for a universal name of G-d. So the symbol means The Name, which means HaShem, which, after all this, seems quite perfect!

 You or There or Them.

 Me or I or Here. Shouldn't this also stand for Us?

 No, because this one does. Get it? Us? U.S.?

 Will Be or To Be or Future, or any such sense of the concept.

 Was, Were, Past.

 Vow or Promise.

Life. Any time you see three creatures, it stands for life. Why three? Because one doesn't tell you it's life, neither does two. You'll think it's a compound word. Four is too much, and three is just right.

Start or Beginning. There are emojis for End or Final, but there is no green light emoji. This had to do.

In(box).

Out(box).

Week. I really couldn't put seven suns back-to-back-to-back-to-back-to-back-to-back, could I? And "month" doesn't appear much in the text, so this had to do, as it does denote a passage of time.

Built or Build or Made or Make.

Kind or Kindness. This appears frequently in the text, but there's no good emoji for it. Now what's kinder than a grammama?

Nation. This comes up a lot. There is no emoji that best represents a nation. There isn't even an emoji for The United Nations, despite the plethora of flags! This is best, methinks.

Great. I couldn't think of any other way to present this word, which appears a lot. Could I have used a tiger (grrrr!) and the number eight? Nah.

You'll have to work a bit on this one! This jives both with my puzzle penchant and vexillological tendencies. Hint #1: Some of my translations are puns, and some play on a syllable of a word, not necessarily the whole word. Hint #2: the second syllable. Hint #3: British Territory. Got all that?

Came(ra). Get it? This is an example of what I was just talking about, but I feel okay with giving this one away, because I'm just that proud of the last one above.

1 5 8

💯 All or Every or Complete. Seriously, no other emoji will do.

🇮🇱 Zion or Jerusalem, or, obviously, Israel. May we all be there soon, and on a very serious note, may this Haggadah serve to bring people back to the table, and/or keep them at the table, and help promote a table of brotherhood and sisterhood for your *seder*, and all of Pesach, and in all times and spaces beyond, *amen*.

Now that you read emoji, please go back the beginning, and read from left to right. We hope to manage a Hebrew Emoji Haggadah in a future edition.

Chag sameach!

הגדה של פסח

This section provides the actual Passover Haggadah, serving two purposes:
1. To make this book fully practical, so that you don't have to reach for another Haggadah for use at your seder.
2. To give full and proper credit to Sefaria, whose online English translation with Hebrew text was used for the emoji translation.
Enjoy!

KADESH

We pour the first cup. The matsot are covered

מוזגים כוס ראשון. המצות מכוסות.

קַדֵּשׁ

Make Kiddush

On Shabbat, begin here:

בְּשַׁבָּת מַתְחִילִין

וַיְהִי עֶרֶב וַיְהִי בֹקֶר יוֹם הַשִּׁשִּׁי. וַיְכֻלּוּ הַשָּׁמַיִם וְהָאָרֶץ וְכָל־צְבָאָם. וַיְכַל אֱלֹהִים בַּיּוֹם הַשְּׁבִיעִי מְלַאכְתּוֹ אֲשֶׁר עָשָׂה וַיִּשְׁבֹּת בַּיּוֹם הַשְּׁבִיעִי מִכָּל מְלַאכְתּוֹ אֲשֶׁר עָשָׂה. וַיְבָרֶךְ אֱלֹהִים אֶת יוֹם הַשְּׁבִיעִי וַיְקַדֵּשׁ אוֹתוֹ כִּי בוֹ שָׁבַת מִכָּל־מְלַאכְתּוֹ אֲשֶׁר בָּרָא אֱלֹהִים לַעֲשׂוֹת.

And there was evening and there was morning, the sixth day. And the heaven and the earth were finished, and all their host. And on the seventh day God finished His work which He had done; and He rested on the seventh day from all His work which He had done. And God blessed the seventh day, and sanctified it; because He rested on it from all of His work which God created in doing (Genesis 1:31–2:3).

On weekdays, begin here:

בחול מתחילין:

סַבְרִי מָרָנָן וְרַבָּנָן וְרַבּוֹתַי. בָּרוּךְ אַתָּה ה', אֱלֹהֵינוּ מֶלֶךְ הָעוֹלָם בּוֹרֵא פְּרִי הַגָּפֶן.

Blessed are You, Lord our God, King of the universe, who creates the fruit of the vine.

בָּרוּךְ אַתָּה ה', אֱלֹהֵינוּ מֶלֶךְ הָעוֹלָם אֲשֶׁר בָּחַר בָּנוּ מִכָּל־עָם וְרוֹמְמָנוּ מִכָּל־לָשׁוֹן וְקִדְּשָׁנוּ בְּמִצְוֹתָיו. וַתִּתֶּן לָנוּ ה' אֱלֹהֵינוּ בְּאַהֲבָה (לשבת: שַׁבָּתוֹת לִמְנוּחָה וּ) מוֹעֲדִים לְשִׂמְחָה, חַגִּים וּזְמַנִּים לְשָׂשׂוֹן, (לשבת: אֶת יוֹם הַשַּׁבָּת הַזֶּה וְ) אֶת יוֹם חַג הַמַּצּוֹת הַזֶּה זְמַן חֵרוּתֵנוּ, (לשבת: בְּאַהֲבָה) מִקְרָא קֹדֶשׁ זֵכֶר לִיצִיאַת מִצְרָיִם. כִּי בָנוּ בָחַרְתָּ וְאוֹתָנוּ קִדַּשְׁתָּ מִכָּל הָעַמִּים, (לשבת: וְשַׁבָּת) וּמוֹעֲדֵי קָדְשֶׁךָ (לשבת: בְּאַהֲבָה וּבְרָצוֹן) בְּשִׂמְחָה וּבְשָׂשׂוֹן הִנְחַלְתָּנוּ.

Blessed are You, Lord our God, King of the universe, who has chosen us from all peoples and has raised us above all tongues and has sanctified us with His commandments. And You have given us, Lord our God, [Sabbaths for rest], appointed times for happiness, holidays and special times for joy, [this Sabbath day, and] this Festival of Matsot, our season of freedom [in love] a holy convocation in memory of the Exodus from Egypt. For You have chosen us and sanctified us above all peoples. In Your gracious love, You granted us Your [holy Sabbath, and] special times for happiness and joy.

בָּרוּךְ אַתָּה ה', מְקַדֵּשׁ (לשבת: הַשַּׁבָּת וְ) יִשְׂרָאֵל וְהַזְּמַנִּים.

Blessed are You, O Lord, who sanctifies [the Sabbath,] Israel, and the appointed times.

On Saturday night add the following two paragraphs:

במוצאי שבת מוסיפים:

בָּרוּךְ אַתָּה ה', אֱלֹהֵינוּ מֶלֶךְ הָעוֹלָם, בּוֹרֵא מְאוֹרֵי הָאֵשׁ. בָּרוּךְ אַתָּה ה', אֱלֹהֵינוּ מֶלֶךְ הָעוֹלָם הַמַּבְדִּיל בֵּין קֹדֶשׁ לְחֹל, בֵּין אוֹר לְחֹשֶׁךְ, בֵּין יִשְׂרָאֵל לָעַמִּים, בֵּין יוֹם הַשְּׁבִיעִי לְשֵׁשֶׁת יְמֵי הַמַּעֲשֶׂה. בֵּין קְדֻשַּׁת שַׁבָּת לִקְדֻשַּׁת יוֹם טוֹב הִבְדַּלְתָּ, וְאֶת־יוֹם הַשְּׁבִיעִי מִשֵּׁשֶׁת יְמֵי הַמַּעֲשֶׂה קִדַּשְׁתָּ. הִבְדַּלְתָּ וְקִדַּשְׁתָּ אֶת־עַמְּךָ יִשְׂרָאֵל בִּקְדֻשָּׁתֶךָ.

Blessed are You, Lord our God, King of the universe, who creates the light of the fire. Blessed are You, Lord our God, King of the universe, who distinguishes between the holy and the profane, between light and darkness, between Israel and the nations, between the seventh day and the six working days. You have distinguished between the holiness of the Sabbath and the holiness of the Festival, and You have sanctified the seventh day above the six working days. You have distinguished and sanctified Your people Israel with Your holiness.

בָּרוּךְ אַתָּה ה', הַמַּבְדִּיל בֵּין קֹדֶשׁ לְקֹדֶשׁ.

Blessed are You, O Lord, who distinguishes between the holy and the holy.

בָּרוּךְ אַתָּה ה', אֱלֹהֵינוּ מֶלֶךְ הָעוֹלָם, שֶׁהֶחֱיָנוּ וְקִיְּמָנוּ וְהִגִּיעָנוּ לַזְּמַן הַזֶּה.

Blessed are You, Lord our God, King of the universe, who has granted us life and sustenance and permitted us to reach this season.

שותה בהסיבת שמאל ואינו מברך ברכה אחרונה.
Drink while reclining to the left and do not recite a blessing after drinking.

URCHATZ

וּרְחַץ

And Wash

נוטלים את הידים ואין מברכים "עַל נְטִילַת יָדַיִם"
Wash your hands but do not say the blessing "on the washing of the hands."

KARPAS

כַּרְפַּס

Greens

לוקח מן הכרפס פחות מכזית - כדי שלא יתחייב בברכה אחרונה - טובל במי מלח, מברך "בורא פרי האדמה", ומכוון לפטור בברכה גם את המרור. אוכל בלא הסבה.
Take from the greens less than a kazayit – so that you will not need to say the blessing after eating it; dip it into the salt water; say the blessing "who creates the fruit of the earth;" and have in mind that this blessing will also be for the bitter herbs. Eat without reclining.

בָּרוּךְ אַתָּה ה', אֱלֹהֵינוּ מֶלֶךְ הָעוֹלָם, בּוֹרֵא פְּרִי הָאֲדָמָה.
Blessed are you, Lord our God, King of the universe, who creates the fruit of the earth.

YACHATZ

יַחַץ

Break

חותך את המצה האמצעית לשתים, ומצפין את הנתח הגדול לאפיקומן
Split the middle matsah in two, and conceal the larger piece to use it for the afikoman.

MAGID, HA LACHMA ANYA

מַגִּיד

The Recitation [of the exodus story]

מגלה את המצות, מגביה את הקערה ואומר בקול רם:
The leader uncovers the matsot, raises the Seder plate, and says out loud:

הָא לַחְמָא עַנְיָא דִּי אֲכָלוּ אַבְהָתָנָא בְּאַרְעָא דְמִצְרָיִם. כָּל דִכְפִין יֵיתֵי וְיֵיכֹל, כָּל דִצְרִיךְ יֵיתֵי וְיִפְסַח. הָשַּׁתָּא הָכָא, לְשָׁנָה הַבָּאָה בְּאַרְעָא דְיִשְׂרָאֵל. הָשַּׁתָּא עַבְדֵי, לְשָׁנָה הַבָּאָה בְּנֵי חוֹרִין.
This is the bread of destitution that our ancestors ate in the land of Egypt. Anyone who is famished should come and eat, anyone who is in need should come and partake of the Pesach sacrifice. Now we are here, next year we will be in the land of Israel; this year we are slaves, next year we will be free people.

MAGID, FOUR QUESTIONS

מסיר את הקערה מעל השולחן. מוזגין כוס שני. הבן שואל:
He removes the plate from the table. We pour a second cup of wine. The son then asks:

מַה נִּשְׁתַּנָּה הַלַּיְלָה הַזֶּה מִכָּל הַלֵּילוֹת? שֶׁבְּכָל הַלֵּילוֹת אָנוּ אוֹכְלִין חָמֵץ וּמַצָּה, הַלַּיְלָה הַזֶּה – כֻּלּוֹ מַצָּה. שֶׁבְּכָל הַלֵּילוֹת אָנוּ אוֹכְלִין שְׁאָר יְרָקוֹת – הַלַּיְלָה הַזֶּה (כֻּלּוֹ) מָרוֹר. שֶׁבְּכָל הַלֵּילוֹת אֵין אָנוּ מַטְבִּילִין אֲפִילוּ פַּעַם אֶחָת – הַלַּיְלָה הַזֶּה שְׁתֵּי פְעָמִים. שֶׁבְּכָל הַלֵּילוֹת אָנוּ אוֹכְלִין בֵּין יוֹשְׁבִין וּבֵין מְסֻבִּין – הַלַּיְלָה הַזֶּה כֻּלָּנוּ מְסֻבִּין.
What differentiates this night from all [other] nights? On all [other] nights we eat *chamets* and matsa; this night, only matsa? On all [other] nights we eat other vegetables; tonight (only) *marror*. On all [other] nights, we don't dip [our food], even one time; tonight [we dip it] twice. On [all] other nights, we eat either sitting or reclining; tonight we all recline.

MAGID, WE WERE SLAVES IN EGYPT

מחזיר את הקערה אל השולחן. המצות תִהיינה מגלות בִשעת אמירת ההגדה.
He puts the plate back on the table. The matsot should be uncovered during the saying of the Haggadah.

עֲבָדִים הָיִינוּ לְפַרְעֹה בְּמִצְרָיִם, וַיּוֹצִיאֵנוּ ה' אֱלֹהֵינוּ מִשָּׁם בְּיָד חֲזָקָה וּבִזְרֹעַ נְטוּיָה. וְאִלּוּ לֹא הוֹצִיא הַקָּדוֹשׁ בָּרוּךְ הוּא אֶת אֲבוֹתֵינוּ מִמִּצְרָיִם, הֲרֵי אָנוּ וּבָנֵינוּ וּבְנֵי בָנֵינוּ מְשֻׁעְבָּדִים הָיִינוּ לְפַרְעֹה בְּמִצְרָיִם. וַאֲפִילוּ כֻּלָּנוּ חֲכָמִים כֻּלָּנוּ נְבוֹנִים כֻּלָּנוּ זְקֵנִים כֻּלָּנוּ יוֹדְעִים אֶת הַתּוֹרָה מִצְוָה עָלֵינוּ לְסַפֵּר בִּיצִיאַת מִצְרָיִם. וְכָל הַמַּרְבֶּה לְסַפֵּר בִּיצִיאַת מִצְרַיִם הֲרֵי זֶה מְשֻׁבָּח.

We were slaves to Pharaoh in the land of Egypt. And the Lord, our God, took us out from there with a strong hand and an outstretched forearm. And if the Holy One, blessed be He, had not taken our ancestors from Egypt, behold we and our children and our children's children would [all] be enslaved to Pharaoh in Egypt. And even if we were all sages, all discerning, all elders, all knowledgeable about the Torah, it would be a commandment upon us to tell the story of the exodus from Egypt. And anyone who adds [and spends extra time] in telling the story of the exodus from Egypt, behold he is praiseworthy.

MAGID, STORY OF THE FIVE RABBIS

מַעֲשֶׂה בְּרַבִּי אֱלִיעֶזֶר וְרַבִּי יְהוֹשֻׁעַ וְרַבִּי אֶלְעָזָר בֶּן־עֲזַרְיָה וְרַבִּי עֲקִיבָא וְרַבִּי טַרְפוֹן שֶׁהָיוּ מְסֻבִּין בִּבְנֵי־בְרַק וְהָיוּ מְסַפְּרִים בִּיצִיאַת מִצְרַיִם כָּל־אוֹתוֹ הַלַּיְלָה, עַד שֶׁבָּאוּ תַלְמִידֵיהֶם וְאָמְרוּ לָהֶם רַבּוֹתֵינוּ הִגִּיעַ זְמַן קְרִיאַת שְׁמַע שֶׁל שַׁחֲרִית.

It happened once [on Pesach] that Rabbi Eliezer, Rabbi Yehoshua, Rabbi Elazar ben Azariah, Rabbi Akiva and Rabbi Tarfon were reclining in Bnei Brak and were telling the story of the exodus from Egypt that whole night, until their students came and said to them, "The time of [reciting] the morning Shema has arrived."

אָמַר רַבִּי אֶלְעָזָר בֶּן־עֲזַרְיָה הֲרֵי אֲנִי כְּבֶן שִׁבְעִים שָׁנָה וְלֹא זָכִיתִי שֶׁתֵּאָמֵר יְצִיאַת מִצְרַיִם בַּלֵּילוֹת עַד שֶׁדְּרָשָׁהּ בֶּן זוֹמָא, שֶׁנֶּאֱמַר, לְמַעַן תִּזְכֹּר אֶת יוֹם צֵאתְךָ מֵאֶרֶץ מִצְרַיִם כֹּל יְמֵי חַיֶּיךָ. יְמֵי חַיֶּיךָ הַיָּמִים. כֹּל יְמֵי חַיֶּיךָ הַלֵּילוֹת. וַחֲכָמִים אוֹמְרִים יְמֵי חַיֶּיךָ הָעוֹלָם הַזֶּה. כֹּל יְמֵי חַיֶּיךָ לְהָבִיא לִימוֹת הַמָּשִׁיחַ:

Rabbi Elazar ben Azariah said, "Behold I am like a man of seventy years and I have not merited [to understand why] the exodus from Egypt should be said at night until Ben Zoma explicated it, as it is stated (Deuteronomy 16:3), 'In order that you remember the day of your going out from the land of Egypt all the days of your life;' 'the days of your life' [indicates the remembrance be invoked during] the days, '*all* the days of your life' [indicates that the remembrance be invoked also during] the nights." But the Sages say, "'the days of your life' [indicates that the remembrance be invoked in] this world, '*all* the days of your life' [indicates that the remembrance be invoked also in] the next world."

MAGID, THE FOUR SONS

בָּרוּךְ הַמָּקוֹם, בָּרוּךְ הוּא, בָּרוּךְ שֶׁנָּתַן תּוֹרָה לְעַמּוֹ יִשְׂרָאֵל, בָּרוּךְ הוּא. כְּנֶגֶד אַרְבָּעָה בָנִים דִּבְּרָה תוֹרָה: אֶחָד חָכָם, וְאֶחָד רָשָׁע, וְאֶחָד תָּם, וְאֶחָד שֶׁאֵינוֹ יוֹדֵעַ לִשְׁאוֹל.

Blessed is the Place [of all], Blessed is He; Blessed is the One who Gave the Torah to His people Israel, Blessed is He. Corresponding to four sons did the Torah speak; one [who is] wise, one [who is] evil, one who is innocent and one who doesn't know to ask.

חָכָם מָה הוּא אוֹמֵר? מָה הָעֵדוֹת וְהַחֻקִּים וְהַמִּשְׁפָּטִים אֲשֶׁר צִוָּה ה' אֱלֹהֵינוּ אֶתְכֶם. וְאַף אַתָּה אֱמוֹר לוֹ כְּהִלְכוֹת הַפֶּסַח: אֵין מַפְטִירִין אַחַר הַפֶּסַח אֲפִיקוֹמָן:

What does the wise [son] say? "'What are these testimonies, statutes and judgments that the Lord our God commanded you?' (Deuteronomy 6:20)" And accordingly you will say to him, as per the laws of the Pesach sacrifice, "We may not eat an afikoman [a dessert or other foods eaten after the meal] after [we are finished eating] the Pesach sacrifice. (Mishnah Pesachim 10:8)"

רָשָׁע מָה הוּא אוֹמֵר? מָה הָעֲבוֹדָה הַזֹּאת לָכֶם. לָכֶם – וְלֹא לוֹ. וּלְפִי שֶׁהוֹצִיא אֶת עַצְמוֹ מִן הַכְּלָל כָּפַר בְּעִקָּר. וְאַף אַתָּה הַקְהֵה אֶת שִׁנָּיו וֶאֱמוֹר לוֹ: "בַּעֲבוּר זֶה עָשָׂה ה' לִי בְּצֵאתִי מִמִּצְרָיִם". לִי וְלֹא־לוֹ. אִלּוּ הָיָה שָׁם, לֹא הָיָה נִגְאָל:

What does the evil [son] say? "'What is this worship to you?' (Exodus 12:26)" 'To you' and not 'to him.' And since he excluded himself from the collective, he denied a principle [of the Jewish faith]. And accordingly, you will blunt his teeth and say to him, "'For the sake of this, did the Lord do [this] for *me* in my going out of Egypt' (Exodus 13:8)." 'For me' and not 'for him.' If he had been there, he would not have been saved.

תָּם מָה הוּא אוֹמֵר? מַה זֹּאת? וְאָמַרְתָּ אֵלָיו "בְּחוֹזֶק יָד הוֹצִיאָנוּ ה' מִמִּצְרַיִם מִבֵּית עֲבָדִים".
What does the innocent [son] say? "'What is this?' (Exodus13:14)" And you will say to him, "'With the strength of [His] hand did the Lord take us out from Egypt, from the house of slaves' (Exodus 13:14).'"

וְשֶׁאֵינוֹ יוֹדֵעַ לִשְׁאוֹל – אַתְּ פְּתַח לוֹ, שֶׁנֶּאֱמַר, וְהִגַּדְתָּ לְבִנְךָ בַּיּוֹם הַהוּא לֵאמֹר, בַּעֲבוּר זֶה עָשָׂה ה' לִי בְּצֵאתִי מִמִּצְרָיִם.
And [regarding] the one who doesn't know to ask, you will open [the conversation] for him. As it is stated (Exodus 13:8), "And you will speak to your your son on that day saying, for the sake of this, did the Lord do [this] for me in my going out of Egypt."

MAGID, YECHOL ME'ROSH CHODESH

יָכוֹל מֵרֹאשׁ חֹדֶשׁ? תַּלְמוּד לוֹמַר בַּיּוֹם הַהוּא. אִי בַּיּוֹם הַהוּא יָכוֹל מִבְּעוֹד יוֹם? תַּלְמוּד לוֹמַר בַּעֲבוּר זֶה – בַּעֲבוּר זֶה לֹא אָמַרְתִּי, אֶלָּא בְּשָׁעָה שֶׁיֵּשׁ מַצָּה וּמָרוֹר מֻנָּחִים לְפָנֶיךָ.
It could be from Rosh Chodesh [that one would have to discuss the Exodus. However] we learn [otherwise, since] it is stated, "on that day." If it is [written] "on that day," it could be from while it is still day [before the night of the fifteenth of Nissan. However] we learn [otherwise, since] it is stated, "for the sake of this." I didn't say 'for the sake of *this*' except [that it be observed] when [*this*] matsa and *maror* are resting in front of you [meaning, on the night of the fifteenth].

MAGID, IN THE BEGINNING OUR FATHERS WERE IDOL WORSHIPERS

מִתְּחִלָּה עוֹבְדֵי עֲבוֹדָה זָרָה הָיוּ אֲבוֹתֵינוּ, וְעַכְשָׁיו קֵרְבָנוּ הַמָּקוֹם לַעֲבֹדָתוֹ, שֶׁנֶּאֱמַר: וַיֹּאמֶר יְהוֹשֻׁעַ אֶל-כָּל-הָעָם, כֹּה אָמַר ה' אֱלֹהֵי יִשְׂרָאֵל: בְּעֵבֶר הַנָּהָר יָשְׁבוּ אֲבוֹתֵיכֶם מֵעוֹלָם, תֶּרַח אֲבִי אַבְרָהָם וַאֲבִי נָחוֹר, וַיַּעַבְדוּ אֱלֹהִים אֲחֵרִים.
From the beginning, our ancestors were idol worshipers. And now, the Place [of all] has brought us close to His worship, as it is stated (Joshua 24:2-4), "Yehoshua said to the whole people, so said the Lord, God of Israel, 'over the river did your ancestors dwell from always, Terach the father of Avraham and the father of Nachor, and they worshiped other gods."

וָאֶקַּח אֶת-אֲבִיכֶם אֶת-אַבְרָהָם מֵעֵבֶר הַנָּהָר וָאוֹלֵךְ אוֹתוֹ בְּכָל-אֶרֶץ כְּנָעַן, וָאַרְבֶּה אֶת-זַרְעוֹ וָאֶתֵּן לוֹ אֶת-יִצְחָק, וָאֶתֵּן לְיִצְחָק אֶת-יַעֲקֹב וְאֶת-עֵשָׂו. וָאֶתֵּן לְעֵשָׂו אֶת-הַר שֵׂעִיר לָרֶשֶׁת אֹתוֹ, וְיַעֲקֹב וּבָנָיו יָרְדוּ מִצְרָיִם.
And I took your father, Avraham from over the river and I made him walk in all the land of Canaan and I increased his seed and I gave him Yitschak. And I gave to Yitschak, Ya'akov and Esav, and I gave to Esav, Mount Seir [in order that he] inherit it; and Yaakov and his sons went down to Egypt.'"

בָּרוּךְ שׁוֹמֵר הַבְטָחָתוֹ לְיִשְׂרָאֵל, בָּרוּךְ הוּא. שֶׁהַקָּדוֹשׁ בָּרוּךְ הוּא חִשַּׁב אֶת-הַקֵּץ, לַעֲשׂוֹת כְּמוֹ שֶׁאָמַר לְאַבְרָהָם אָבִינוּ בִּבְרִית בֵּין הַבְּתָרִים, שֶׁנֶּאֱמַר: וַיֹּאמֶר לְאַבְרָם, יָדֹעַ תֵּדַע כִּי-גֵר יִהְיֶה זַרְעֲךָ בְּאֶרֶץ לֹא לָהֶם, וַעֲבָדוּם וְעִנּוּ אֹתָם אַרְבַּע מֵאוֹת שָׁנָה. וְגַם אֶת-הַגּוֹי אֲשֶׁר יַעֲבֹדוּ דָּן אָנֹכִי וְאַחֲרֵי-כֵן יֵצְאוּ בִּרְכֻשׁ גָּדוֹל.
Blessed is the One who keeps his promise to Israel, blessed be He; since the Holy One, blessed be He, calculated the end [of the exile,] to do as He said to Avraham, our father, in the Covenant between the Pieces, as it is stated (Genesis 15:13-14), "And He said to Avram, 'you should surely know that your seed will be a stranger in a land that is not theirs, and they will enslave them and afflict them four hundred years. And also that nation for which they shall toil will I judge, and afterwards they will will go out with much property.'"

He covers the matsa and lifts up the cup and says: מכסה המצה ומגביה את הכוס בידו, ואומר:

וְהִיא שֶׁעָמְדָה לַאֲבוֹתֵינוּ וְלָנוּ. שֶׁלֹּא אֶחָד בִּלְבָד עָמַד עָלֵינוּ לְכַלּוֹתֵנוּ, אֶלָּא שֶׁבְּכָל דּוֹר וָדוֹר עוֹמְדִים עָלֵינוּ לְכַלּוֹתֵנוּ, וְהַקָּדוֹשׁ בָּרוּךְ הוּא מַצִּילֵנוּ מִיָּדָם.
And it is this that has stood for our ancestors and for us, since it is not [only] one [person or nation] that has stood [against] us to destroy us, but rather in each generation, they stand [against] us to destroy us, but the Holy One, blessed be He, rescues us from their hand.

יניח הכוס מידו ויגלה אֶת הַמצות.

He puts down the cup from his hand and uncovers the matsa.

צֵא וּלְמַד מַה בִּקֵּשׁ לָבָן הָאֲרַמִּי לַעֲשׂוֹת לְיַעֲקֹב אָבִינוּ: שֶׁפַּרְעֹה לֹא גָזַר אֶלָּא עַל הַזְּכָרִים, וְלָבָן בִּקֵּשׁ לַעֲקֹר אֶת־הַכֹּל. שֶׁנֶּאֱמַר: אֲרַמִּי אֹבֵד אָבִי, וַיֵּרֶד מִצְרַיְמָה וַיָּגָר שָׁם בִּמְתֵי מְעָט, וַיְהִי שָׁם לְגוֹי גָּדוֹל, עָצוּם וָרָב.

Go out and learn what what Lavan the Aramean sought to do to Ya'akov, our father; since Pharaoh only decreed [the death sentence] on the males but Lavan sought to uproot the whole [people]. As it is stated (Deuteronomy 26:5), "An Aramean was destroying my father and he went down to Egypt, and he resided there with a small number and he became there a nation, great, powerful and numerous."

וַיֵּרֶד מִצְרַיְמָה – אָנוּס עַל פִּי הַדִּבּוּר. וַיָּגָר שָׁם. מְלַמֵּד שֶׁלֹּא יָרַד יַעֲקֹב אָבִינוּ לְהִשְׁתַּקֵּעַ בְּמִצְרַיִם אֶלָּא לָגוּר שָׁם, שֶׁנֶּאֱמַר: וַיֹּאמְרוּ אֶל־פַּרְעֹה, לָגוּר בָּאָרֶץ בָּאנוּ, כִּי אֵין מִרְעֶה לַצֹּאן אֲשֶׁר לַעֲבָדֶיךָ, כִּי כָבֵד הָרָעָב בְּאֶרֶץ כְּנָעַן. וְעַתָּה יֵשְׁבוּ־נָא עֲבָדֶיךָ בְּאֶרֶץ גֹּשֶׁן.

"And he went down to Egypt" – helpless on account of the word [in which God told Avraham that his descendants would have to go into exile]. "And he resided there" – [this] teaches that Ya'akov, our father, didn't go down to settle in Egypt, but rather [only] to reside there, as it is stated (Genesis 47:4), "And they said to Pharaoh, to reside in the land have we come, since there is not enough pasture for your servant's flocks, since the famine is heavy in the land of Canaan, and now please grant that your servants should dwell in the land of Goshen."

בִּמְתֵי מְעָט. כְּמָה שֶׁנֶּאֱמַר: בְּשִׁבְעִים נֶפֶשׁ יָרְדוּ אֲבוֹתֶיךָ מִצְרָיְמָה, וְעַתָּה שָׂמְךָ ה' אֱלֹהֶיךָ כְּכוֹכְבֵי הַשָּׁמַיִם לָרֹב.

"As a small number" – as it is stated (Deuteronomy 10:22), "With seventy souls did your ancestors come down to Egypt, and now the Lord your God has made you as numerous as the stars of the sky."

וַיְהִי שָׁם לְגוֹי. מְלַמֵּד שֶׁהָיוּ יִשְׂרָאֵל מְצֻיָּנִים שָׁם. גָּדוֹל עָצוּם – כְּמָה שֶׁנֶּאֱמַר: וּבְנֵי יִשְׂרָאֵל פָּרוּ וַיִּשְׁרְצוּ וַיִּרְבּוּ וַיַּעַצְמוּ בִּמְאֹד מְאֹד, וַתִּמָּלֵא הָאָרֶץ אֹתָם.

"And he became there a nation" – [this] teaches that Israel [became] distinguishable there. "Great, powerful" – as it is stated (Exodus 1:7), "And the children of Israel multiplied and swarmed and grew numerous and strong, most exceedingly and the land became full of them."

וָרָב. כְּמָה שֶׁנֶּאֱמַר: רְבָבָה כְּצֶמַח הַשָּׂדֶה נְתַתִּיךְ, וַתִּרְבִּי וַתִּגְדְּלִי וַתָּבֹאִי בַּעֲדִי עֲדָיִים, שָׁדַיִם נָכֹנוּ וּשְׂעָרֵךְ צִמֵּחַ, וְאַתְּ עֵרֹם וְעֶרְיָה. וָאֶעֱבֹר עָלַיִךְ וָאֶרְאֵךְ מִתְבּוֹסֶסֶת בְּדָמָיִךְ, וָאֹמַר לָךְ בְּדָמַיִךְ חֲיִי, וָאֹמַר לָךְ בְּדָמַיִךְ חֲיִי.

"And numerous" – as it is stated (Ezekiel 16:7), "I have given you to be numerous as the vegetation of the field, and you increased and grew and became highly ornamented, your breasts were set and your hair grew, but you were naked and barren;" "And I passed over you and I saw you wallowing in your blood, and I said to you, you shall live in your blood, and I said to you, you shall live in your blood" (Ezekiel 16:6).

וַיָּרֵעוּ אֹתָנוּ הַמִּצְרִים וַיְעַנּוּנוּ, וַיִּתְּנוּ עָלֵינוּ עֲבֹדָה קָשָׁה. וַיָּרֵעוּ אֹתָנוּ הַמִּצְרִים – כְּמָה שֶׁנֶּאֱמַר: הָבָה נִתְחַכְּמָה לוֹ פֶּן יִרְבֶּה, וְהָיָה כִּי תִקְרֶאנָה מִלְחָמָה וְנוֹסַף גַּם הוּא עַל שֹׂנְאֵינוּ וְנִלְחַם־בָּנוּ, וְעָלָה מִן־הָאָרֶץ.

"And the Egyptians did bad to us and afflicted us and put upon us hard work" (Deuteronomy 26:6). "And the Egyptians did bad to us" – as it is stated (Exodus 1:10), "Let us be wise towards him, lest he multiply and it will be that when war is called, he too will join with our enemies and fight against us and go up from the land."

וַיְעַנּוּנוּ. כְּמָה שֶׁנֶּאֱמַר: וַיָּשִׂימוּ עָלָיו שָׂרֵי מִסִּים לְמַעַן עַנֹּתוֹ בְּסִבְלֹתָם. וַיִּבֶן עָרֵי מִסְכְּנוֹת לְפַרְעֹה. אֶת־פִּתֹם וְאֶת־רַעַמְסֵס.

"And afflicted us" – as is is stated (Exodus 1:11); "And they placed upon him leaders over the work-tax in order to afflict them with their burdens, and they built storage cities, Pitom and Ra'amses."

וַיִּתְּנוּ עָלֵינוּ עֲבֹדָה קָשָׁה. כְּמָה שֶׁנֶּאֱמַר: וַיַּעֲבִדוּ מִצְרַיִם אֶת־בְּנֵי יִשְׂרָאֵל בְּפָרֶךְ.

"And put upon us hard work" – as it is stated (Exodus 1:11), "And they enslaved the children of Israel with breaking work."

וַנִּצְעַק אֶל־ה' אֱלֹהֵי אֲבֹתֵינוּ, וַיִּשְׁמַע ה' אֶת־קֹלֵנוּ, וַיַּרְא אֶת־עָנְיֵנוּ וְאֶת עֲמָלֵנוּ וְאֶת לַחֲצֵנוּ.

"And we we cried out to the Lord, the God of our ancestors, and the Lord heard our voice, and He saw our affliction, and our toil and our duress" (Deuteronomy 26:7).

וַנִּצְעַק אֶל־ה' אֱלֹהֵי אֲבֹתֵינוּ – כְּמָה שֶׁנֶּאֱמַר: וַיְהִי בַיָּמִים הָרַבִּים הָהֵם וַיָּמָת מֶלֶךְ מִצְרַיִם, וַיֵּאָנְחוּ בְנֵי־יִשְׂרָאֵל מִ־הָעֲבוֹדָה וַיִּזְעָקוּ, וַתַּעַל שַׁוְעָתָם אֶל־הָאֱלֹהִים מִן הָעֲבֹדָה.

“And we cried out to the Lord, the God of our ancestors” – as it is stated (Exodus 2:23); “And it was in those great days that the king of Egypt died and the Children of Israel sighed from the work and yelled out, and their supplication went up to God from the work.”

וַיִּשְׁמַע ה' אֶת קֹלֵנוּ. כְּמָה שֶׁנֶּאֱמַר: וַיִּשְׁמַע אֱלֹהִים אֶת־נַאֲקָתָם, וַיִּזְכֹּר אֱלֹהִים אֶת־בְּרִיתוֹ אֶת־אַבְרָהָם, אֶת־יִצְחָק וְאֶת־יַעֲקֹב.

“And the Lord heard our voice” – as it is stated (Exodus 2:24); “And God heard their groans and God remembered his covenant with Avraham and with Yitschak and with Ya’akov.”

וַיַּרְא אֶת־עָנְיֵנוּ. זוֹ פְּרִישׁוּת דֶּרֶךְ אֶרֶץ, כְּמָה שֶׁנֶּאֱמַר: וַיַּרְא אֱלֹהִים אֶת בְּנֵי־יִשְׂרָאֵל וַיֵּדַע אֱלֹהִים.

“And He saw our affliction” – this [refers to] the separation from the way of the world, as it is stated (Exodus 2:25); “And God saw the Children of Israel and God knew.”

וְאֶת־עֲמָלֵנוּ. אֵלּוּ הַבָּנִים. כְּמָה שֶׁנֶּאֱמַר: כָּל־הַבֵּן הַיִּלּוֹד הַיְאֹרָה תַּשְׁלִיכֻהוּ וְכָל־הַבַּת תְּחַיּוּן.

“And our toil” – this [refers to the killing of the] sons, as it is stated (Exodus 1:24); “Every boy that is born, throw him into the Nile and every girl you shall keep alive.”

וְאֶת לַחֲצֵנוּ. זֶו הַדְּחַק, כְּמָה שֶׁנֶּאֱמַר: וְגַם־רָאִיתִי אֶת־הַלַּחַץ אֲשֶׁר מִצְרַיִם לֹחֲצִים אֹתָם.

“And our duress” – this [refers to] the pressure, as it is stated (Exodus 3:9); “And I also saw the duress that the Egyptians are applying on them.”

וַיּוֹצִאֵנוּ ה' מִמִּצְרַיִם בְּיָד חֲזָקָה, וּבִזְרֹעַ נְטוּיָה, וּבְמֹרָא גָּדֹל, וּבְאֹתוֹת וּבְמֹפְתִים.

“And the Lord took us out of Egypt with a strong hand and with an outstretched forearm and with great awe and with signs and with wonders” (Deuteronomy 26:8).

וַיּוֹצִאֵנוּ ה' מִמִּצְרַיִם. לֹא עַל־יְדֵי מַלְאָךְ, וְלֹא עַל־יְדֵי שָׂרָף, וְלֹא עַל־יְדֵי שָׁלִיחַ, אֶלָּא הַקָּדוֹשׁ בָּרוּךְ הוּא בִּכְבוֹדוֹ וּבְעַצְמוֹ. שֶׁנֶּאֱמַר: וְעָבַרְתִּי בְאֶרֶץ מִצְרַיִם בַּלַּיְלָה הַזֶּה, וְהִכֵּיתִי כָל־בְּכוֹר בְּאֶרֶץ מִצְרַיִם מֵאָדָם וְעַד בְּהֵמָה, וּבְכָל אֱלֹהֵי מִצְרַיִם אֶעֱשֶׂה שְׁפָטִים. אֲנִי ה'.

“And the Lord took us out of Egypt” – not through an angel and not through a seraph and not through a messenger, but [directly by] the Holy One, blessed be He, Himself, as it is stated (Exodus 12:12); “And I will pass through the land of Egypt on that night and I will smite every firstborn in the land of Egypt, from men to animals; and with all the gods of Egypt, I will make judgements, I am the Lord.”

וְעָבַרְתִּי בְאֶרֶץ מִצְרַיִם בַּלַּיְלָה הַזֶּה – אֲנִי וְלֹא מַלְאָךְ; וְהִכֵּיתִי כָל בְּכוֹר בְּאֶרֶץ־מִצְרַיִם. אֲנִי וְלֹא שָׂרָף; וּבְכָל־אֱלֹהֵי מִצְרַיִם אֶעֱשֶׂה שְׁפָטִים. אֲנִי וְלֹא הַשָּׁלִיחַ; אֲנִי ה'. אֲנִי הוּא וְלֹא אַחֵר.

“And I will pass through the land of Egypt” – I and not an angel. “And I will smite every firstborn” – I and not a seraph. “And with all the gods of Egypt, I will make judgements” – I and not a messenger. “I am the Lord” – I am He and there is no other.

בְּיָד חֲזָקָה. זוֹ הַדֶּבֶר, כְּמָה שֶׁנֶּאֱמַר: הִנֵּה יַד־ה' הוֹיָה בְּמִקְנְךָ אֲשֶׁר בַּשָּׂדֶה, בַּסּוּסִים, בַּחֲמֹרִים, בַּגְּמַלִּים, בַּבָּקָר וּבַצֹּאן, דֶּבֶר כָּבֵד מְאֹד.

“With a strong hand” – this [refers to] the pestilence, as it is stated (Exodus 9:3); “Behold the hand of the Lord is upon your herds that are in the field, upon the horses, upon the donkeys, upon the camels, upon the cattle and upon the flocks, [there will be] a very heavy pestilence.”

וּבִזְרֹעַ נְטוּיָה. זוֹ הַחֶרֶב, כְּמָה שֶׁנֶּאֱמַר: וְחַרְבּוֹ שְׁלוּפָה בְּיָדוֹ, נְטוּיָה עַל־יְרוּשָׁלָיִם.

“And with an outstretched forearm” – this [refers to] the sword, as it is stated (I Chronicles 21:16); “And his sword was drawn in his hand, leaning over Jerusalem:

וּבְמוֹרָא גָּדֹל. זוֹ גִּלּוּי שְׁכִינָה. כְּמָה שֶׁנֶּאֱמַר, אוֹ הֲנִסָּה אֱלֹהִים לָבוֹא לָקַחַת לוֹ גוֹי מִקֶּרֶב גּוֹי בְּמַסֹּת בְּאֹתֹת וּבְמוֹפְתִים וּבְמִלְחָמָה וּבְיָד חֲזָקָה וּבִזְרוֹעַ נְטוּיָה וּבְמוֹרָאִים גְּדוֹלִים כְּכֹל אֲשֶׁר־עָשָׂה לָכֶם ה' אֱלֹהֵיכֶם בְּמִצְרַיִם לְעֵינֶיךָ.

“And with great awe” – this [refers to the revelation of] the Divine Presence, as it is stated (Deuteronomy 4:34); Or did God try to take for Himself a nation from within a nation with enigmas, with signs and with wonders and with war and with a strong hand and with an outstretched forearm and with great and awesome acts, like all that the Lord, your God, did for you in Egypt in front of your eyes?”

וּבְאֹתוֹת. זֶה הַמַּטֶּה, כְּמָה שֶׁנֶּאֱמַר: וְאֶת הַמַּטֶּה הַזֶּה תִּקַּח בְּיָדְךָ, אֲשֶׁר תַּעֲשֶׂה־בּוֹ אֶת הָאֹתוֹת.

“And with signs” – this [refers to] the staff, as it is stated (Exodus 4:17); “And this staff you shall take in your hand, that with it you will preform signs.”

וּבְמֹפְתִים. זֶה הַדָּם, כְּמָה שֶׁנֶּאֱמַר: וְנָתַתִּי מוֹפְתִים בַּשָּׁמַיִם וּבָאָרֶץ.

“And with wonders” – this [refers to] the blood, as it is stated (Joel 3:3); “And I will place my wonders in the skies and in the earth:

כשאומר דם ואש ותימרות עשן, עשר המכות ודצ"ך עד"ש באח"ב - ישפוך מן הכוס מעט יין:

And when he says, “blood and fire and pillars of smoke” and the ten plagues and “detsakh,” “adash” and “ba’achab,” he should pour out a little wine from his cup.

דָּם וָאֵשׁ וְתִימְרוֹת עָשָׁן.

“blood and fire and pillars of smoke.”

דָּבָר אַחֵר: בְּיָד חֲזָקָה שְׁתַּיִם, וּבִזְרֹעַ נְטוּיָה שְׁתַּיִם, וּבְמֹרָא גָּדֹל – שְׁתַּיִם, וּבְאֹתוֹת – שְׁתַּיִם, וּבְמֹפְתִים – שְׁתַּיִם.

Another [explanation]: “With a strong hand” [corresponds to] two [plagues]; “and with an outstretched forearm” [corresponds to] two [plagues]; “and with great awe” [corresponds to] two [plagues]; “and with signs” [corresponds to] two [plagues]; “and with wonders” [corresponds to] two [plagues].

אֵלּוּ עֶשֶׂר מַכּוֹת שֶׁהֵבִיא הַקָּדוֹשׁ בָּרוּךְ הוּא עַל־הַמִּצְרִים בְּמִצְרַיִם, וְאֵלוּ הֵן:

These are [the] ten plagues that the Holy One, blessed be He, brought on the Egyptians in Egypt and they are:

דָּם
Blood
צְפַרְדֵּעַ
Frogs
כִּנִּים
Lice
עָרוֹב
[The] Mixture [of Wild Animals]
דֶּבֶר
Pestilence
שְׁחִין
Boils
בָּרָד
Hail
אַרְבֶּה
Locusts
חשֶׁךְ
Darkness
מַכַּת בְּכוֹרוֹת
Slaying of [the] Firstborn

רַבִּי יְהוּדָה הָיָה נוֹתֵן בָּהֶם סִמָּנִים: דְּצַ"ךְ עַדַ"שׁ בְּאַחַ"ב.

Rabbi Yehuda was accustomed to giving [the plagues] mnemonics: *Detsakh* [the Hebrew initials of the first three plagues], *Adash* [the Hebrew initials of the second three plagues], *Beachav* [the Hebrew initials of the last four plagues].

רַבִּי יוֹסֵי הַגְּלִילִי אוֹמֵר: מִנַּיִן אַתָּה אוֹמֵר שֶׁלָּקוּ הַמִּצְרִים בְּמִצְרַיִם עֶשֶׂר מַכּוֹת וְעַל הַיָּם לָקוּ חֲמִשִּׁים מַכּוֹת? בְּמִצְרַיִם מַה הוּא אוֹמֵר? וַיֹּאמְרוּ הַחַרְטֻמִּם אֶל פַּרְעֹה: אֶצְבַּע אֱלֹהִים הִוא, וְעַל הַיָּם מָה הוּא אוֹמֵר? וַיַּרְא יִשְׂרָאֵל אֶת־הַיָּד הַגְּדֹלָה אֲשֶׁר עָשָׂה ה' בְּמִצְרַיִם, וַיִּירְאוּ הָעָם אֶת־ה', וַיַּאֲמִינוּ בַּיי וּבְמשֶׁה עַבְדוֹ. כַּמָּה לָקוּ בְאֶצְבַּע? עֶשֶׂר מַכּוֹת. אֱמוֹר מֵעַתָּה: בְּמִצְרַיִם לָקוּ עֶשֶׂר מַכּוֹת וְעַל הַיָּם לָקוּ חֲמִשִּׁים מַכּוֹת.

Rabbi Yose Hagelili says, “From where can you [derive] that the Egyptians were struck with ten plagues in Egypt and struck with fifty plagues at the Sea? In Egypt, what does it state? ‘Then the magicians said unto Pharaoh: ‘This is the *finger* of God’ (Exodus 8:15). And at the Sea, what does it state? ‘And Israel saw the Lord’s great *hand* that he used upon the Egyptians, and the people feared the Lord; and they believed in the Lord, and in Moshe, His servant’ (Exodus 14:31). How many were they struck with with the finger? Ten plagues. You can say from here that in Egypt, they were struck with ten plagues and at the Sea, they were struck with fifty plagues.”

רַבִּי אֱלִיעֶזֶר אוֹמֵר: מִנַּיִן שֶׁכָּל־מַכָּה וּמַכָּה שֶׁהֵבִיא הַקָּדוֹשׁ בָּרוּךְ הוּא עַל הַמִּצְרִים בְּמִצְרַיִם הָיְתָה שֶׁל אַרְבַּע מַכּוֹת? שֶׁנֶּאֱמַר: יְשַׁלַּח־בָּם חֲרוֹן אַפּוֹ, עֶבְרָה וָזַעַם וְצָרָה, מִשְׁלַחַת מַלְאֲכֵי רָעִים. עֶבְרָה – אַחַת, וָזַעַם – שְׁתַּיִם, וְצָרָה – שָׁלֹשׁ, מִשְׁלַחַת מַלְאֲכֵי רָעִים – אַרְבַּע. אֱמוֹר מֵעַתָּה: בְּמִצְרַיִם לָקוּ אַרְבָּעִים מַכּוֹת וְעַל הַיָּם לָקוּ מָאתַיִם מַכּוֹת.

Rabbi Eliezer says, “From where [can you derive] that every plague that the Holy One, blessed be He, brought upon the Egyptians in Egypt was [composed] of four plagues? As it is stated (Psalms 78:49): ‘He sent upon them the fierceness of His anger, wrath, and fury, and trouble, a sending of messengers of evil.’ ‘Wrath’ [corresponds to] one; ‘and fury’ [brings it to] two; ‘and trouble’ [brings it to] three; ‘a sending of messengers of evil’ [brings it to] four. You can say from here that in Egypt, they were struck with forty plagues and at the Sea, they were struck with two hundred plagues.”

רַבִּי עֲקִיבָא אוֹמֵר: מִנַּיִן שֶׁכָּל־מַכָּה וּמַכָּה שֶׁהֵבִיא הַקָּדוֹשׁ בָּרוּךְ הוּא עַל הַמִּצְרִים בְּמִצְרַיִם הָיְתָה שֶׁל חָמֵשׁ מַכּוֹת? שֶׁנֶּאֱמַר: יְשַׁלַּח־בָּם חֲרוֹן אַפּוֹ, עֶבְרָה וָזַעַם וְצָרָה, מִשְׁלַחַת מַלְאֲכֵי רָעִים. חֲרוֹן אַפּוֹ – אַחַת,

עֶבְרָה – שְׁתַּיִם, וָזַעַם – שָׁלוֹשׁ, וְצָרָה – אַרְבַּע, מִשְׁלַחַת מַלְאֲכֵי רָעִים – חָמֵשׁ. אֱמוֹר מֵעַתָּה: בְּמִצְרַיִם לָקוּ חֲמִשִּׁים מַכּוֹת וְעַל הַיָּם לָקוּ חֲמִשִּׁים וּמָאתַיִם מַכּוֹת.
Rabbi Akiva says, says, "From where [can you derive] that every plague that the Holy One, blessed be He, brought upon the Egyptians in Egypt was [composed] of five plagues? As it is stated (Psalms 78:49): 'He sent upon them the fierceness of His anger, wrath, and fury, and trouble, a sending of messengers of evil.' 'The fierceness of His anger' [corresponds to] one; 'wrath' [brings it to] two; 'and fury' [brings it to] three; 'and trouble' [brings it to] four; 'a sending of messengers of evil' [brings it to] five. You can say from here that in Egypt, they were struck with fifty plagues and at the Sea, they were struck with two hundred and fifty plagues."

MAGID, DAYENU

כַּמָּה מַעֲלוֹת טוֹבוֹת לַמָּקוֹם עָלֵינוּ!
How many degrees of good did the Place [of all bestow] upon us!

אִלּוּ הוֹצִיאָנוּ מִמִּצְרַיִם וְלֹא עָשָׂה בָהֶם שְׁפָטִים, דַּיֵּנוּ.
If He had taken us out of Egypt and not made judgements on them; [it would have been] enough for us.

אִלּוּ עָשָׂה בָהֶם שְׁפָטִים, וְלֹא עָשָׂה בֵאלֹהֵיהֶם, דַּיֵּנוּ.
If He had made judgments on them and had not made [them] on their gods; [it would have been] enough for us.

אִלּוּ עָשָׂה בֵאלֹהֵיהֶם, וְלֹא הָרַג אֶת־בְּכוֹרֵיהֶם, דַּיֵּנוּ.
If He had made [them] on their gods and had not killed their firstborn; [it would have been] enough for us.

אִלּוּ הָרַג אֶת־בְּכוֹרֵיהֶם וְלֹא נָתַן לָנוּ אֶת־מָמוֹנָם, דַּיֵּנוּ.
If He had killed their firstborn and had not given us their money; [it would have been] enough for us.

אִלּוּ נָתַן לָנוּ אֶת־מָמוֹנָם וְלֹא קָרַע לָנוּ אֶת־הַיָּם, דַּיֵּנוּ.
If He had given us their money and had not split the Sea for us; [it would have been] enough for us.

אִלּוּ קָרַע לָנוּ אֶת־הַיָּם וְלֹא הֶעֱבִירָנוּ בְתוֹכוֹ בֶּחָרָבָה, דַּיֵּנוּ.
If He had split the Sea for us and had not taken us through it on dry land; [it would have been] enough for us.

אִלּוּ הֶעֱבִירָנוּ בְתוֹכוֹ בֶּחָרָבָה וְלֹא שִׁקַּע צָרֵנוּ בְּתוֹכוֹ דַּיֵּנוּ.
If He had taken us through it on dry land and had not pushed down our enemies in [the Sea]; [it would have been] enough for us.

אִלּוּ שִׁקַּע צָרֵנוּ בְּתוֹכוֹ וְלֹא סִפֵּק צָרְכֵּנוּ בַּמִּדְבָּר אַרְבָּעִים שָׁנָה דַּיֵּנוּ.
If He had pushed down our enemies in [the Sea] and had not supplied our needs in the wilderness for forty years; [it would have been] enough for us.

אִלּוּ סִפֵּק צָרְכֵּנוּ בַּמִּדְבָּר אַרְבָּעִים שָׁנָה וְלֹא הֶאֱכִילָנוּ אֶת־הַמָּן דַּיֵּנוּ.
If He had supplied our needs in the wilderness for forty years and had not fed us the manna; [it would have been] enough for us.

אִלּוּ הֶאֱכִילָנוּ אֶת־הַמָּן וְלֹא נָתַן לָנוּ אֶת־הַשַּׁבָּת, דַּיֵּנוּ.
If He had fed us the manna and had not given us the Shabbat; [it would have been] enough for us.

אִלּוּ נָתַן לָנוּ אֶת־הַשַּׁבָּת, וְלֹא קֵרְבָנוּ לִפְנֵי הַר סִינַי, דַּיֵּנוּ.
If He had given us the Shabbat and had not brought us close to Mount Sinai; [it would have been] enough for us.

אִלּוּ קֵרְבָנוּ לִפְנֵי הַר סִינַי, וְלֹא נָתַן לָנוּ אֶת־הַתּוֹרָה. דַּיֵּנוּ.
If He had brought us close to Mount Sinai and had not given us the Torah; [it would have been] enough for us.

אִלּוּ נָתַן לָנוּ אֶת־הַתּוֹרָה וְלֹא הִכְנִיסָנוּ לְאֶרֶץ יִשְׂרָאֵל, דַּיֵּנוּ.
If He had given us the Torah and had not brought us into the land of Israel; [it would have been] enough for us.

אִלּוּ הִכְנִיסָנוּ לְאֶרֶץ יִשְׂרָאֵל וְלֹא בָנָה לָנוּ אֶת־בֵּית הַבְּחִירָה דַּיֵּנוּ.
If He had brought us into the land of Israel and had not built us the 'Chosen House' [the Temple; it would have been] enough for us.

עַל אַחַת, כַּמָּה וְכַמָּה, טוֹבָה כְפוּלָה וּמְכֻפֶּלֶת לַמָּקוֹם עָלֵינוּ: שֶׁהוֹצִיאָנוּ מִמִּצְרַיִם, וְעָשָׂה בָהֶם שְׁפָטִים, וְעָשָׂה בֵאלֹהֵיהֶם, וְהָרַג אֶת־בְּכוֹרֵיהֶם, וְנָתַן לָנוּ אֶת־מָמוֹנָם, וְקָרַע לָנוּ אֶת־הַיָּם, וְהֶעֱבִירָנוּ בְתוֹכוֹ בֶּחָרָבָה, וְשִׁקַּע צָרֵנוּ בְּתוֹכוֹ, וְסִפֵּק צָרְכֵּנוּ בַּמִּדְבָּר אַרְבָּעִים שָׁנָה, וְהֶאֱכִילָנוּ אֶת־הַמָּן, וְנָתַן לָנוּ אֶת־הַשַּׁבָּת, וְקֵרְבָנוּ לִפְנֵי הַר סִינַי, וְנָתַן לָנוּ אֶת־הַתּוֹרָה, וְהִכְנִיסָנוּ לְאֶרֶץ יִשְׂרָאֵל, וּבָנָה לָנוּ אֶת־בֵּית הַבְּחִירָה לְכַפֵּר עַל־כָּל־עֲוֹנוֹתֵינוּ.

How much more so is the good that is doubled and quadrupled that the Place [of all bestowed] upon us [enough for us]; since he took us out of Egypt, and made judgments with them, and made [them] with their gods, and killed their firstborn, and gave us their money, and split the Sea for us, and brought us through it on dry land, and pushed down our enemies in [the Sea], and supplied our needs in the wilderness for forty years, and fed us the manna, and gave us the Shabbat, and brought us close to Mount Sinai, and gave us the Torah, and brought us into the land of Israel and built us the 'Chosen House' [the Temple] to atone upon all of our sins.

MAGID, RABBAN GAMLIEL'S THREE THINGS

רַבָּן גַּמְלִיאֵל הָיָה אוֹמֵר: כָּל שֶׁלֹּא אָמַר שְׁלשָׁה דְּבָרִים אֵלּוּ בַּפֶּסַח, לֹא יָצָא יְדֵי חוֹבָתוֹ, וְאֵלּוּ הֵן: פֶּסַח, מַצָּה, וּמָרוֹר.

Rabban Gamliel was accustomed to say, Anyone who has not said these three things on Pesach has not fulfilled his obligation, and these are them: the Pesach sacrifice, matsa and *marror*.

פֶּסַח שֶׁהָיוּ אֲבוֹתֵינוּ אוֹכְלִים בִּזְמַן שֶׁבֵּית הַמִּקְדָּשׁ הָיָה קַיָּם, עַל שׁוּם מָה? עַל שׁוּם שֶׁפָּסַח הַקָּדוֹשׁ בָּרוּךְ הוּא עַל בָּתֵּי אֲבוֹתֵינוּ בְּמִצְרַיִם, שֶׁנֶּאֱמַר: וַאֲמַרְתֶּם זֶבַח פֶּסַח הוּא לַיי, אֲשֶׁר פָּסַח עַל בָּתֵּי בְנֵי יִשְׂרָאֵל בְּמִצְרַיִם בְּנָגְפּוֹ אֶת־מִצְרַיִם, וְאֶת־בָּתֵּינוּ הִצִּיל וַיִּקֹּד הָעָם וַיִּשְׁתַּחוּוּ.

The Pesach [passover] sacrifice that our ancestors were accustomed to eating when the Temple existed, for the sake of what [was it]? For the sake [to commemorate] that the Holy One, blessed be He, passed over the homes of our ancestors in Egypt, as it is stated (Exodus 12:27); "And you shall say: 'It is the passover sacrifice to the Lord, for that He passed over the homes of the Children of Israel in Egypt, when He smote the Egyptians, and our homes he saved.' And the people bowed the head and bowed."

אוחז המצה בידו ומראה אותה למסובין:

He holds the matsa in his hand and shows it to the others there.

מַצָּה זוֹ שֶׁאָנוּ אוֹכְלִים, עַל שׁוּם מַה? עַל שׁוּם שֶׁלֹּא הִסְפִּיק בְּצֵקָם שֶׁל אֲבוֹתֵינוּ לְהַחֲמִיץ עַד שֶׁנִּגְלָה עֲלֵיהֶם מֶלֶךְ מַלְכֵי הַמְּלָכִים, הַקָּדוֹשׁ בָּרוּךְ הוּא, וּגְאָלָם, שֶׁנֶּאֱמַר: וַיֹּאפוּ אֶת־הַבָּצֵק אֲשֶׁר הוֹצִיאוּ מִמִּצְרַיִם עֻגֹת מַצּוֹת, כִּי לֹא חָמֵץ, כִּי גֹרְשׁוּ מִמִּצְרַיִם וְלֹא יָכְלוּ לְהִתְמַהְמֵהַּ, וְגַם צֵדָה לֹא עָשׂוּ לָהֶם.

This matsa that we are eating, for the sake of what [is it]? For the sake [to commemorate] that our ancestors' dough was not yet able to rise, before the King of the kings of kings, the Holy One, blessed be He, revealed [Himself] to them and redeemed them, as it is stated (Exodus 12:39); "And they baked the dough which they brought out of Egypt into matsa cakes, since it did not rise; because they were expelled from Egypt, and could not tarry, neither had they made for themselves provisions."

אוחז המרור בידו ומראה אותו למסובין:

He holds the marror in his hand and shows it to the others there.

מָרוֹר זֶה שֶׁאָנוּ אוֹכְלִים, עַל שׁוּם מַה? עַל שׁוּם שֶׁמֵּרְרוּ הַמִּצְרִים אֶת־חַיֵּי אֲבוֹתֵינוּ בְּמִצְרַיִם, שֶׁנֶּאֱמַר: וַיְמָרְרוּ אֶת חַיֵּיהֶם בַּעֲבֹדָה קָשָׁה, בְּחֹמֶר וּבִלְבֵנִים וּבְכָל־עֲבֹדָה בַּשָּׂדֶה אֶת כָּל עֲבֹדָתָם אֲשֶׁר עָבְדוּ בָהֶם בְּפָרֶךְ.

This *marror* [bitter greens] that we are eating, for the sake of what [is it]? For the sake [to commemorate] that the Egyptians embittered the lives of our ancestors in Egypt, as it is stated (Exodus 1:14); "And they made their lives bitter with hard service, in mortar and in brick, and in all manner of service in the field; in all their service, wherein they made them serve with rigor."

בְּכָל־דּוֹר וָדוֹר חַיָּב אָדָם לִרְאוֹת אֶת־עַצְמוֹ כְּאִלּוּ הוּא יָצָא מִמִּצְרַיִם, שֶׁנֶּאֱמַר: וְהִגַּדְתָּ לְבִנְךָ בַּיּוֹם הַהוּא לֵאמֹר, בַּעֲבוּר זֶה עָשָׂה ה' לִי בְּצֵאתִי מִמִּצְרָיִם. לֹא אֶת־אֲבוֹתֵינוּ בִּלְבָד גָּאַל הַקָּדוֹשׁ בָּרוּךְ הוּא, אֶלָּא אַף אוֹתָנוּ גָּאַל עִמָּהֶם, שֶׁנֶּאֱמַר: וְאוֹתָנוּ הוֹצִיא מִשָּׁם, לְמַעַן הָבִיא אוֹתָנוּ, לָתֶת לָנוּ אֶת־הָאָרֶץ אֲשֶׁר נִשְׁבַּע לַאֲבֹתֵינוּ.

In each and every generation, a person is obligated to see himself as if he left Egypt, as it is stated (Exodus 13:8); "For the sake of this, did the Lord do [this] for me in *my* going out of

Egypt." Not only our ancestors did the Holy One, blessed be He, redeem, but rather also us [together] with them did he redeem, as it is stated (Deuteronomy 6:23); "And He took us out from there, in order to bring us in, to give us the land which He swore unto our fathers."

MAGID, FIRST HALF OF HALLEL

יאחז הכוס בידו ויכסה המצות ויאמר:

He holds the cup in his hand and and he covers the matsa and says:

לְפִיכָךְ אֲנַחְנוּ חַיָּבִים לְהוֹדוֹת, לְהַלֵּל, לְשַׁבֵּחַ, לְפָאֵר, לְרוֹמֵם, לְהַדֵּר, לְבָרֵךְ, לְעַלֵּה וּלְקַלֵּס לְמִי שֶׁעָשָׂה לַאֲבוֹתֵינוּ וְלָנוּ אֶת־כָּל־הַנִּסִּים הָאֵלּוּ: הוֹצִיאָנוּ מֵעַבְדוּת לְחֵרוּת מִיָּגוֹן לְשִׂמְחָה, וּמֵאֵבֶל לְיוֹם טוֹב, וּמֵאֲפֵלָה לְאוֹר גָּדוֹל, וּמִשִּׁעְבּוּד לִגְאֻלָּה. וְנֹאמַר לְפָנָיו שִׁירָה חֲדָשָׁה: הַלְלוּיָהּ.

Therefore we are obligated to thank, praise, laud, glorify, exalt, lavish, bless, raise high, and acclaim He who made all these miracles for our ancestors and for us: He brought us out from slavery to freedom, from sorrow to joy, from mourning to [celebration of] a festival, from darkness to great light, and from servitude to redemption. And let us say a new song before Him, Halleluyah!

הַלְלוּיָהּ הַלְלוּ עַבְדֵי ה', הַלְלוּ אֶת־שֵׁם ה'. יְהִי שֵׁם ה' מְבֹרָךְ מֵעַתָּה וְעַד עוֹלָם. מִמִּזְרַח שֶׁמֶשׁ עַד מְבוֹאוֹ מְהֻלָּל שֵׁם ה'. רָם עַל־כָּל־גּוֹיִם ה', עַל הַשָּׁמַיִם כְּבוֹדוֹ. מִי כַּיי אֱלֹהֵינוּ הַמַּגְבִּיהִי לָשָׁבֶת, הַמַּשְׁפִּילִי לִרְאוֹת בַּשָּׁמַיִם וּבָאָרֶץ? מְקִימִי מֵעָפָר דָּל, מֵאַשְׁפֹּת יָרִים אֶבְיוֹן, לְהוֹשִׁיבִי עִם־נְדִיבִים, עִם נְדִיבֵי עַמּוֹ. מוֹשִׁיבִי עֲקֶרֶת הַבַּיִת, אֵם הַבָּנִים שְׂמֵחָה. הַלְלוּיָהּ.

Halleluyah! Praise, servants of the Lord, praise the name of the Lord. May the Name of the Lord be blessed from now and forever. From the rising of the sun in the East to its setting, the name of the Lord is praised. Above all nations is the Lord, His honor is above the heavens. Who is like the Lord, our God, Who sits on high; Who looks down upon the heavens and the earth? He brings up the poor out of the dirt; from the refuse piles, He raises the destitute. To seat him with the nobles, with the nobles of his people. He seats a barren woman in a home, a happy mother of children. Halleluyah! (Psalms 113)

בְּצֵאת יִשְׂרָאֵל מִמִּצְרַיִם, בֵּית יַעֲקֹב מֵעַם לֹעֵז, הָיְתָה יְהוּדָה לְקָדְשׁוֹ, יִשְׂרָאֵל מַמְשְׁלוֹתָיו. הַיָּם רָאָה וַיָּנֹס, הַיַּרְדֵּן יִסֹּב לְאָחוֹר. הֶהָרִים רָקְדוּ כְאֵילִים, גְּבָעוֹת כִּבְנֵי צֹאן. מַה לְּךָ הַיָּם כִּי תָנוּס, הַיַּרְדֵּן – תִּסֹּב לְאָחוֹר, הֶהָרִים – תִּרְקְדוּ כְאֵילִים, גְּבָעוֹת כִּבְנֵי־צֹאן. מִלִּפְנֵי אָדוֹן חוּלִי אָרֶץ, מִלִּפְנֵי אֱלוֹהַ יַעֲקֹב. הַהֹפְכִי הַצּוּר אֲגַם־מָיִם, חַלָּמִישׁ לְמַעְיְנוֹ־מָיִם.

In Israel's going out from Egypt, the house of Ya'akov from a people of foreign speech. The Sea saw and fled, the Jordan turned to the rear. The mountains danced like rams, the hills like young sheep. What is happening to you, O Sea, that you are fleeing, O Jordan that you turn to the rear; O mountains that you dance like rams, O hills like young sheep? From before the Master, tremble O earth, from before the Lord of Ya'akov. He who turns the boulder into a pond of water, the flint into a spring of water. (Psalms 114)

MAGID, SECOND CUP OF WINE

מגביהים את הכוס עד גאל ישראל.

We raise the cup until we reach "who redeemed Israel"

בָּרוּךְ אַתָּה ה' אֱלֹהֵינוּ מֶלֶךְ הָעוֹלָם, אֲשֶׁר גְּאָלָנוּ וְגָאַל אֶת־אֲבוֹתֵינוּ מִמִּצְרַיִם, וְהִגִּיעָנוּ הַלַּיְלָה הַזֶּה לֶאֱכָל־בּוֹ מַצָּה וּמָרוֹר. כֵּן ה' אֱלֹהֵינוּ וֵאלֹהֵי אֲבוֹתֵינוּ יַגִּיעֵנוּ לְמוֹעֲדִים וְלִרְגָלִים אֲחֵרִים הַבָּאִים לִקְרָאתֵנוּ לְשָׁלוֹם, שְׂמֵחִים בְּבִנְיַן עִירֶךָ וְשָׂשִׂים בַּעֲבוֹדָתֶךָ. וְנֹאכַל שָׁם מִן הַזְּבָחִים וּמִן הַפְּסָחִים אֲשֶׁר יַגִּיעַ דָּמָם עַל קִיר מִזְבַּחֲךָ לְרָצוֹן, וְנוֹדֶה לְךָ שִׁיר חָדָשׁ עַל גְּאֻלָּתֵנוּ וְעַל פְּדוּת נַפְשֵׁנוּ. בָּרוּךְ אַתָּה ה', גָּאַל יִשְׂרָאֵל.

Blessed are You, Lord our God, King of the universe, who redeemed us and redeemed our ancestors from Egypt, and brought us on this night to eat matsa and *marror*; so too, Lord our God, and God of our ancestors, bring us to other appointed times and holidays that will come to greet us in peace, joyful in the building of your city and happy in your worship; that we should eat there from the offerings and from the Pesach sacrifices, the blood of which should reach the wall of your altar for favor, and we shall thank you with a new song upon our redemption and upon the restoration of our souls. Blessed are you, Lord, who redeemed Israel.

שותים את הכוס בהסבת שמאל.

We say the blessing below and drink the cup while reclining to the left

בָּרוּךְ אַתָּה ה', אֱלֹהֵינוּ מֶלֶךְ הָעוֹלָם בּוֹרֵא פְּרִי הַגָּפֶן.

Blessed are You, Lord our God, who creates the fruit of the vine.

RACHTZAH

רָחְצָה

Washing

We wash the hands and make the blessing. נוטלים את הידים ומברכים:

בָּרוּךְ אַתָּה ה', אֱלֹהֵינוּ מֶלֶךְ הָעוֹלָם, אֲשֶׁר קִדְּשָׁנוּ בְּמִצְוֹתָיו וְצִוָּנוּ עַל נְטִילַת יָדָיִם.

Blessed are You, Lord our God, King of the Universe, who has sanctified us with His commandments and has commanded us on the washing of the hands.

MOTZI MATZAH

מוֹצִיא מַצָּה

Motsi Matsa

יקח המצות בסדר שהניחן, הפרוסה בין שתי השלמות, יאחז שלשתן בידו ויברך "המוציא" בכוונה עַל העליונה, ו"על אכילת מַצָּה" בכוונה על הפרוסה. אחר כך יבצע כזית מן העליונה השלמה וכזית שני מן הפרוסה, ויטבלם במלח, ויאכל בהסה שני הזיתים:

He takes out the matsa in the order that he placed them, the broken one between the two whole ones; he holds the three of them in his hand and blesses "ha-motsi" with the intention to take from the top one and "on eating matsa" with the intention of eating from the broken one. Afterwards, he breaks off a kazayit from the top whole one and a second kazayit from the broken one and he dips them into salt and eats both while reclining.

בָּרוּךְ אַתָּה ה', אֱלֹהֵינוּ מֶלֶךְ הָעוֹלָם הַמּוֹצִיא לֶחֶם מִן הָאָרֶץ.

Blessed are You, Lord our God, King of the Universe, who brings forth bread from the ground.

בָּרוּךְ אַתָּה ה', אֱלֹהֵינוּ מֶלֶךְ הָעוֹלָם, אֲשֶׁר קִדְּשָׁנוּ בְּמִצְוֹתָיו וְצִוָּנוּ עַל אֲכִילַת מַצָּה.

Blessed are You, Lord our God, King of the Universe, who has sanctified us with His commandments and has commanded us on the eating of matsa.

MAROR

מָרוֹר

Marror

כל אחד מהמסבִים לוקח כזית מרור, מטבְלו בַחרוסת, מנער החרוסת, מברך ואוכל בלי הסבה.

All present should take a kazayit of marror, dip into the haroset, shake off the haroset, make the blessing and eat without reclining.

בָּרוּךְ אַתָּה ה', אֱלֹהֵינוּ מֶלֶךְ הָעוֹלָם, אֲשֶׁר קִדְּשָׁנוּ בְּמִצְוֹתָיו וְצִוָּנוּ עַל אֲכִילַת מָרוֹר.

Blessed are You, Lord our God, King of the Universe, who has sanctified us with His commandments and has commanded us on the eating of *marror*.

KORECH

כּוֹרֵךְ

Wrap

כל אחד מהמסבים לוקח כזית מן המצה השְלישית עם כזית מרור, כורכים יחד, אוכלים בהסבה ובלי ברכה. לפני אכלו אומר.

All present should take a kazayit from the third whole matsa with a kazayit of marror, wrap them together and eat them while reclining and without saying a blessing. Before he eats it, he should say:

זֵכֶר לְמִקְדָּשׁ כְּהִלֵּל. כֵּן עָשָׂה הִלֵּל בִּזְמַן שֶׁבֵּית הַמִּקְדָּשׁ הָיָה קַיָּם:

In memory of the Temple according to Hillel. This is what Hillel would do when the Temple existed:

הָיָה כּוֹרֵךְ מַצָּה וּמָרוֹר וְאוֹכֵל בְּיַחַד, לְקַיֵּם מַה שֶּׁנֶּאֱמַר: עַל מַצּוֹת וּמְרוֹרִים יֹאכְלֻהוּ.

He would wrap the matsa and *marror* and eat them together, in order to fulfill what is stated, (Exodus 12:15): "You should eat it upon matsot and *marrorim*."

SHULCHAN ORECH

שֻׁלְחָן עוֹרֵךְ

The Set Table

We eat and drink. אוכלים ושותים.

TZAFUN

צָפוּן

The Concealed [Matsa]

אחר גמר הסעודה לוקח כל אחד מהמסבים כזית מהמצה שהייתה צפונה לאפיקומן ואוכל ממנה כזית בהסבה. וצריך לאוכלה קודם חצות הלילה.

After the end of the meal, all those present take a kazayit from the matsa, that was concealed for the afikoman, and eat a kazayit from it while reclining.

לפני אכילת האפיקומן יאמר: זֵכֶר לְקָרְבַּן פֶּסַח הַנֶּאֱכַל עַל הַשּׂוֹבַע.

Before eating the afikoman, he should say: "In memory of the Pesach sacrifice that was eaten upon being satiated."

BARECH, BIRKAT HAMAZON

בָּרֵךְ

Bless

מוזגים כוס שלישִׁי ומבָרכים בִּרכַּת המזון.

We pour the third cup and recite the Grace over the Food

שִׁיר הַמַּעֲלוֹת, בְּשׁוּב ה' אֶת שִׁיבַת צִיּוֹן הָיִינוּ כְּחֹלְמִים. אָז יִמָּלֵא שְׂחוֹק פִּינוּ וּלְשׁוֹנֵנוּ רִנָּה. אָז יֹאמְרוּ בַגּוֹיִם: הִגְדִּיל ה' לַעֲשׂוֹת עִם אֵלֶּה. הִגְדִּיל ה' לַעֲשׂוֹת עִמָּנוּ, הָיִינוּ שְׂמֵחִים. שׁוּבָה ה' אֶת שְׁבִיתֵנוּ כַּאֲפִיקִים בַּנֶּגֶב. הַזֹּרְעִים בְּדִמְעָה, בְּרִנָּה יִקְצֹרוּ. הָלוֹךְ יֵלֵךְ וּבָכֹה נֹשֵׂא מֶשֶׁךְ הַזָּרַע, בֹּא יָבֹא בְרִנָּה נֹשֵׂא אֲלֻמֹּתָיו.

A Song of Ascents; When the Lord will bring back the captivity of Zion, we will be like dreamers. Then our mouth will be full of mirth and our tongue joyful melody; then they will say among the nations; "The Lord has done greatly with these." The Lord has done great things with us; we are happy. Lord, return our captivity like streams in the desert. Those that sow with tears will reap with joyful song. He who surely goes and cries, he carries the measure of seed, he will surely come in joyful song and carry his sheaves.(Psalms 126)

שלשה שֶׁאכלו כאחד חיבים לזמן והמְזַמן פותח:

Three that ate together are obligated to introduce the blessing and the leader of the introduction opens as follows:

My masters, let us bless: **רַבּוֹתַי נְבָרֵךְ:**

All those present answer: המסבים עונים:

יְהִי שֵׁם ה' מְבֹרָךְ מֵעַתָּה וְעַד עוֹלָם.

May the Name of the Lord be blessed from now and forever. (Psalms 113:2)

The leader says: הַמְזַמֵּן אומֵר:

בִּרְשׁוּת מָרָנָן וְרַבָּנָן וְרַבּוֹתַי, נְבָרֵךְ [אֱלֹהֵינוּ] שֶׁאָכַלְנוּ מִשֶּׁלּוֹ.

With the permission of our gentlemen and our teachers and my masters, let us bless [our God] from whom we have eaten.

Those present answer: המסבים עונים:

בָּרוּךְ [אֱלֹהֵינוּ] שֶׁאָכַלְנוּ מִשֶּׁלּוֹ וּבְטוּבוֹ חָיִינוּ

Blessed is [our God] from whom we have eaten and from whose goodness we live.

The leader repeats and says: המזמן חוזר ואומר:

בָּרוּךְ [אֱלֹהֵינוּ] שֶׁאָכַלְנוּ מִשֶּׁלּוֹ וּבְטוּבוֹ חָיִינוּ

Blessed is [our God] from whom we have eaten and from whose goodness we live.

They all say: כלם אומרים:

בָּרוּךְ אַתָּה ה', אֱלֹהֵינוּ מֶלֶךְ הָעוֹלָם, הַזָּן אֶת הָעוֹלָם כֻּלּוֹ בְּטוּבוֹ בְּחֵן בְּחֶסֶד וּבְרַחֲמִים, הוּא נוֹתֵן לֶחֶם לְכָל בָּשָׂר כִּי לְעוֹלָם חַסְדּוֹ. וּבְטוּבוֹ הַגָּדוֹל תָּמִיד לֹא חָסַר לָנוּ, וְאַל יֶחְסַר לָנוּ מָזוֹן לְעוֹלָם וָעֶד. בַּעֲבוּר שְׁמוֹ הַגָּדוֹל, כִּי הוּא אֵל זָן וּמְפַרְנֵס לַכֹּל וּמֵטִיב לַכֹּל, וּמֵכִין מָזוֹן לְכָל בְּרִיּוֹתָיו אֲשֶׁר בָּרָא. בָּרוּךְ אַתָּה ה', הַזָּן אֶת הַכֹּל.

Blessed are You, Lord our God, King of the Universe, who nourishes the entire world in His goodness, in grace, in kindness and in mercy; He gives bread to all flesh since His kindness is forever. And in His great goodness, we always have not lacked, and may we not lack nourishment forever and always, because of His great name. Since He is a Power that feeds and provides for all and does good to all and prepares nourishment for all of his creatures that he created. Blessed are You, Lord, who sustains all.

נוֹדֶה לְךָ ה' אֱלֹהֵינוּ עַל שֶׁהִנְחַלְתָּ לַאֲבוֹתֵינוּ אֶרֶץ חֶמְדָּה טוֹבָה וּרְחָבָה, וְעַל שֶׁהוֹצֵאתָנוּ ה' אֱלֹהֵינוּ מֵאֶרֶץ מִצְרַיִם, וּפְדִיתָנוּ מִבֵּית עֲבָדִים, וְעַל בְּרִיתְךָ שֶׁחָתַמְתָּ בִּבְשָׂרֵנוּ, וְעַל תּוֹרָתְךָ שֶׁלִּמַּדְתָּנוּ, וְעַל חֻקֶּיךָ

שֶׁהוֹדַעְתָּנוּ, וְעַל חַיִּים חֵן וָחֶסֶד שֶׁחוֹנַנְתָּנוּ, וְעַל אֲכִילַת מָזוֹן שָׁאַתָּה זָן וּמְפַרְנֵס אוֹתָנוּ תָּמִיד, בְּכָל יוֹם וּבְכָל עֵת וּבְכָל שָׁעָה:

We thank you, Lord our God, that you have given as an inheritance to our ancestors a lovely, good and broad land, and that You took us out, Lord our God, from the land of Egypt and that You redeemed us from a house of slaves, and for Your covenant which You have sealed in our flesh, and for Your Torah that You have taught us, and for Your statutes which You have made known to us, and for life, grace and kindness that You have granted us and for the eating of nourishment that You feed and provide for us always, on all days, and at all times and in every hour.

וְעַל הַכֹּל ה' אֱלֹהֵינוּ, אֲנַחְנוּ מוֹדִים לָךְ וּמְבָרְכִים אוֹתָךְ, יִתְבָּרַךְ שִׁמְךָ בְּפִי כָּל חַי תָּמִיד לְעוֹלָם וָעֶד. כַּכָּתוּב: וְאָכַלְתָּ וְשָׂבָעְתָּ וּבֵרַכְתָּ אֶת ה' אֱלֹהֶיךָ עַל הָאָרֶץ הַטּוֹבָה אֲשֶׁר נָתַן לָךְ. בָּרוּךְ אַתָּה ה', עַל הָאָרֶץ וְעַל הַמָּזוֹן:

And for everything, Lord our God, we thank You and bless You; may Your name be blessed by the mouth of all life, constantly forever and always, as it is written (Deuteronomy 8:10); "And you shall eat and you shall be satiated and you shall bless the Lord your God for the good land that He has given you." Blessed are You, Lord, for the land and for the nourishment.

רַחֵם נָא ה' אֱלֹהֵינוּ עַל יִשְׂרָאֵל עַמֶּךָ וְעַל יְרוּשָׁלַיִם עִירֶךָ וְעַל צִיּוֹן מִשְׁכַּן כְּבוֹדֶךָ וְעַל מַלְכוּת בֵּית דָּוִד מְשִׁיחֶךָ וְעַל הַבַּיִת הַגָּדוֹל וְהַקָּדוֹשׁ שֶׁנִּקְרָא שִׁמְךָ עָלָיו: אֱלֹהֵינוּ אָבִינוּ, רְעֵנוּ זוּנֵנוּ פַּרְנְסֵנוּ וְכַלְכְּלֵנוּ וְהַרְוִיחֵנוּ, וְהַרְוַח לָנוּ ה' אֱלֹהֵינוּ מְהֵרָה מִכָּל צָרוֹתֵינוּ. וְנָא אַל תַּצְרִיכֵנוּ ה' אֱלֹהֵינוּ, לֹא לִידֵי מַתְּנַת בָּשָׂר וָדָם וְלֹא לִידֵי הַלְוָאתָם, כִּי אִם לְיָדְךָ הַמְּלֵאָה הַפְּתוּחָה הַקְּדוֹשָׁה וְהָרְחָבָה, שֶׁלֹּא נֵבוֹשׁ וְלֹא נִכָּלֵם לְעוֹלָם וָעֶד.

Please have mercy, Lord our God, upon Israel, Your people; and upon Jerusalem, Your city; and upon Zion, the dwelling place of Your Glory; and upon the monarchy of the House of David, Your appointed one; and upon the great and holy house that Your name is called upon. Our God, our Father, tend us, sustain us, provide for us, relieve us and give us quick relief, Lord our God, from all of our troubles. And please do not make us needy, Lord our God, not for the gifts of flesh and blood, and not for their loans, but rather from Your full, open, holy and broad hand, so that we not be embarrassed and we not be ashamed forever and always.

On Shabbat, we add the following paragraph בשבת מוסיפין:

רְצֵה וְהַחֲלִיצֵנוּ ה' אֱלֹהֵינוּ בְּמִצְוֹתֶיךָ וּבְמִצְוַת יוֹם הַשְּׁבִיעִי הַשַּׁבָּת הַגָּדוֹל וְהַקָּדוֹשׁ הַזֶּה. כִּי יוֹם זֶה גָּדוֹל וְקָדוֹשׁ הוּא לְפָנֶיךָ לִשְׁבָּת בּוֹ וְלָנוּחַ בּוֹ בְּאַהֲבָה כְּמִצְוַת רְצוֹנֶךָ. וּבִרְצוֹנְךָ הָנִיחַ לָנוּ ה' אֱלֹהֵינוּ שֶׁלֹּא תְהֵא צָרָה וְיָגוֹן וַאֲנָחָה בְּיוֹם מְנוּחָתֵנוּ. וְהַרְאֵנוּ ה' אֱלֹהֵינוּ בְּנֶחָמַת צִיּוֹן עִירֶךָ וּבְבִנְיַן יְרוּשָׁלַיִם עִיר קָדְשֶׁךָ כִּי אַתָּה הוּא בַּעַל הַיְשׁוּעוֹת וּבַעַל הַנֶּחָמוֹת.

May You be pleased to embolden us, Lord our God, in your commandments and in the command of the seventh day, of this great and holy Shabbat, since this day is great and holy before You, to cease work upon it and to rest upon it, with love, according to the commandment of Your will. And with Your will, allow us, Lord our God, that we should not have trouble, and grief and sighing on the day of our rest. And may You show us, Lord our God, the consolation of Zion, Your city; and the building of Jerusalem, Your holy city; since You are the Master of salvations and the Master of consolations.

אֱלֹהֵינוּ וֵאלֹהֵי אֲבוֹתֵינוּ, יַעֲלֶה וְיָבֹא וְיַגִּיעַ וְיֵרָאֶה וְיֵרָצֶה וְיִשָּׁמַע וְיִפָּקֵד וְיִזָּכֵר זִכְרוֹנֵנוּ וּפִקְדוֹנֵנוּ, וְזִכְרוֹן אֲבוֹתֵינוּ, וְזִכְרוֹן מָשִׁיחַ בֶּן דָּוִד עַבְדֶּךָ, וְזִכְרוֹן יְרוּשָׁלַיִם עִיר קָדְשֶׁךָ, וְזִכְרוֹן כָּל עַמְּךָ בֵּית יִשְׂרָאֵל לְפָנֶיךָ, לִפְלֵיטָה לְטוֹבָה לְחֵן וּלְחֶסֶד וּלְרַחֲמִים, לְחַיִּים וּלְשָׁלוֹם בְּיוֹם חַג הַמַּצּוֹת הַזֶּה זָכְרֵנוּ ה' אֱלֹהֵינוּ בּוֹ לְטוֹבָה וּפָקְדֵנוּ בוֹ לִבְרָכָה וְהוֹשִׁיעֵנוּ בוֹ לְחַיִּים. וּבִדְבַר יְשׁוּעָה וְרַחֲמִים חוּס וְחָנֵּנוּ וְרַחֵם עָלֵינוּ וְהוֹשִׁיעֵנוּ, כִּי אֵלֶיךָ עֵינֵינוּ, כִּי אֵל מֶלֶךְ חַנּוּן וְרַחוּם אָתָּה. וּבְנֵה יְרוּשָׁלַיִם עִיר הַקֹּדֶשׁ בִּמְהֵרָה בְיָמֵינוּ. בָּרוּךְ אַתָּה ה', בּוֹנֶה בְרַחֲמָיו יְרוּשָׁלַיִם. אָמֵן.

God and God of our ancestors, may there ascend and come and reach and be seen and be acceptable and be heard and be recalled and be remembered – our remembrance and our recollection; and the remembrance of our ancestors; and the remembrance of the messiah, the son of David, Your servant; and the remembrance of Jerusalem, Your holy city; and the remembrance of all Your people, the house of Israel – in front of You, for survival, for good, for grace, and for kindness, and for mercy, for life and for peace on this day of the Festival of Matsot. Remember us, Lord our God, on it for good and recall us on it for survival and save us on it for life, and by the word of salvation and mercy, pity and grace us and have mercy on us and save us, since our eyes are upon You, since You are a graceful and merciful Power. And may You build Jerusalem, the holy city, quickly and in our days. Blessed are You, Lord, who builds Jerusalem in His mercy. Amen.

בָּרוּךְ אַתָּה ה', אֱלֹהֵינוּ מֶלֶךְ הָעוֹלָם, הָאֵל אָבִינוּ מַלְכֵּנוּ אַדִּירֵנוּ בּוֹרְאֵנוּ גּוֹאֲלֵנוּ יוֹצְרֵנוּ קְדוֹשֵׁנוּ קְדוֹשׁ יַעֲקֹב רוֹעֵנוּ רוֹעֵה יִשְׂרָאֵל הַמֶּלֶךְ הַטּוֹב וְהַמֵּטִיב לַכֹּל שֶׁבְּכָל יוֹם וָיוֹם הוּא הֵטִיב, הוּא מֵטִיב, הוּא יֵיטִיב לָנוּ. הוּא גְמָלָנוּ הוּא גוֹמְלֵנוּ הוּא יִגְמְלֵנוּ לָעַד, לְחֵן וּלְחֶסֶד וּלְרַחֲמִים וּלְרֶוַח הַצָּלָה וְהַצְלָחָה, בְּרָכָה וִישׁוּעָה נֶחָמָה פַּרְנָסָה וְכַלְכָּלָה וְרַחֲמִים וְחַיִּים וְשָׁלוֹם וְכָל טוֹב, וּמִכָּל טוּב לְעוֹלָם עַל יְחַסְּרֵנוּ.

Blessed are You, Lord our God, King of the Universe, the Power, our Father, our King, our Mighty One, our Creator, our Redeemer, our Shaper, our Holy One, the Holy One of Ya'akov, our Shepard, the Shepard of Israel, the good King, who does good to all, since on every single day He has done good, He does good, He will do good, to us; He has granted us, He grants us, He will grant us forever – in grace and in kindness, and in mercy, and in relief – rescue and success, blessing and salvation, consolation, provision and relief and mercy and life and peace and all good; and may we not lack any good ever.

הָרַחֲמָן הוּא יִמְלוֹךְ עָלֵינוּ לְעוֹלָם וָעֶד. הָרַחֲמָן הוּא יִתְבָּרַךְ בַּשָּׁמַיִם וּבָאָרֶץ. הָרַחֲמָן הוּא יִשְׁתַּבַּח לְדוֹר דּוֹרִים, וְיִתְפָּאַר בָּנוּ לָעַד וּלְנֵצַח נְצָחִים, וְיִתְהַדַּר בָּנוּ לָעַד וּלְעוֹלְמֵי עוֹלָמִים. הָרַחֲמָן הוּא יְפַרְנְסֵנוּ בְּכָבוֹד. הָרַחֲמָן הוּא יִשְׁבּוֹר עֻלֵּנוּ מֵעַל צַוָּארֵנוּ, וְהוּא יוֹלִיכֵנוּ קוֹמְמִיּוּת לְאַרְצֵנוּ. הָרַחֲמָן הוּא יִשְׁלַח לָנוּ בְּרָכָה מְרֻבָּה בַּבַּיִת הַזֶּה, וְעַל שֻׁלְחָן זֶה שֶׁאָכַלְנוּ עָלָיו. הָרַחֲמָן הוּא יִשְׁלַח לָנוּ אֶת אֵלִיָּהוּ הַנָּבִיא זָכוּר לַטּוֹב, וִיבַשֶּׂר לָנוּ בְּשׂוֹרוֹת טוֹבוֹת יְשׁוּעוֹת וְנֶחָמוֹת. הָרַחֲמָן הוּא יְבָרֵךְ אֶת בַּעֲלִי / אִשְׁתִּי. הָרַחֲמָן הוּא יְבָרֵךְ אֶת [אָבִי מוֹרִי] בַּעַל הַבַּיִת הַזֶּה. וְאֶת [אִמִּי מוֹרָתִי] בַּעֲלַת הַבַּיִת הַזֶּה, אוֹתָם וְאֶת בֵּיתָם וְאֶת זַרְעָם וְאֶת כָּל אֲשֶׁר לָהֶם. אוֹתָנוּ וְאֶת כָּל אֲשֶׁר לָנוּ, כְּמוֹ שֶׁנִּתְבָּרְכוּ אֲבוֹתֵינוּ אַבְרָהָם יִצְחָק וְיַעֲקֹב בַּכֹּל מִכֹּל כֹּל, כֵּן יְבָרֵךְ אוֹתָנוּ כֻּלָּנוּ יַחַד בִּבְרָכָה שְׁלֵמָה, וְנֹאמַר, אָמֵן. בַּמָּרוֹם יְלַמְּדוּ עֲלֵיהֶם וְעָלֵינוּ זְכוּת שֶׁתְּהֵא לְמִשְׁמֶרֶת שָׁלוֹם. וְנִשָּׂא בְרָכָה מֵאֵת ה', וּצְדָקָה מֵאלֹהֵי יִשְׁעֵנוּ, וְנִמְצָא חֵן וְשֵׂכֶל טוֹב בְּעֵינֵי אֱלֹהִים וְאָדָם. בשבת: הָרַחֲמָן הוּא יַנְחִילֵנוּ יוֹם שֶׁכֻּלּוֹ שַׁבָּת וּמְנוּחָה לְחַיֵּי הָעוֹלָמִים. הָרַחֲמָן הוּא יַנְחִילֵנוּ יוֹם שֶׁכֻּלּוֹ טוֹב.[יוֹם שֶׁכֻּלּוֹ אָרוּךְ. יוֹם שֶׁצַּדִּיקִים יוֹשְׁבִים וְעַטְרוֹתֵיהֶם בְּרָאשֵׁיהֶם וְנֶהֱנִים מִזִּיו הַשְּׁכִינָה וִיהִי חֶלְקֵינוּ עִמָּהֶם]. הָרַחֲמָן הוּא יְזַכֵּנוּ לִימוֹת הַמָּשִׁיחַ וּלְחַיֵּי הָעוֹלָם הַבָּא. מִגְדּוֹל יְשׁוּעוֹת מַלְכּוֹ וְעֹשֶׂה חֶסֶד לִמְשִׁיחוֹ לְדָוִד וּלְזַרְעוֹ עַד עוֹלָם. עֹשֶׂה שָׁלוֹם בִּמְרוֹמָיו, הוּא יַעֲשֶׂה שָׁלוֹם עָלֵינוּ וְעַל כָּל יִשְׂרָאֵל וְאִמְרוּ, אָמֵן. יְראוּ אֶת ה' קְדֹשָׁיו, כִּי אֵין מַחְסוֹר לִירֵאָיו. כְּפִירִים רָשׁוּ וְרָעֵבוּ, וְדֹרְשֵׁי ה' לֹא יַחְסְרוּ כָל טוֹב. הוֹדוּ לַיי כִּי טוֹב כִּי לְעוֹלָם חַסְדּוֹ. פּוֹתֵחַ אֶת יָדֶךָ, וּמַשְׂבִּיעַ לְכָל חַי רָצוֹן. בָּרוּךְ הַגֶּבֶר אֲשֶׁר יִבְטַח בַּיי, וְהָיָה ה' מִבְטַחוֹ. נַעַר הָיִיתִי גַם זָקַנְתִּי, וְלֹא רָאִיתִי צַדִּיק נֶעֱזָב, וְזַרְעוֹ מְבַקֶּשׁ לָחֶם. יי עֹז לְעַמּוֹ יִתֵּן, ה' יְבָרֵךְ אֶת עַמּוֹ בַשָּׁלוֹם.

May the Merciful One reign over us forever and always. May the Merciful One be blessed in the heavens and in the earth. May the Merciful One be praised for all generations, and exalted among us forever and ever, and glorified among us always and infinitely for all infinities. May the Merciful One sustain us honorably. May the Merciful One break our yolk from upon our necks and bring us upright to our land. May the Merciful One send us multiple blessing, to this home and upon this table upon which we have eaten. May the Merciful One send us Eliyahu the prophet – may he be remembered for good – and he shall announce to us tidings of good, of salvation and of consolation. May the Merciful One bless my husband/ my wife. May the Merciful One bless [my father, my teacher,] the master of this home and [my mother, my teacher,] the mistress of this home, they and their home and their offspring and everything that is theirs. Us and all that is ours; as were blessed Avraham, Yitschak and Ya'akov, in everything, from everything, with everything, so too should He bless us, all of us together, with a complete blessing and we shall say, Amen. From above, may they advocate upon them and upon us merit, that should protect us in peace; and may we carry a blessing from the Lord and charity from the God of our salvation; and find grace and good understanding in the eyes of God and man. [On Shabbat, we say: May the Merciful One give us to inherit the day that will be completely Shabbat and rest in everlasting life.] May the Merciful One give us to inherit the day that will be all good. [The day that is all long, the day that the righteous will sit and their crowns will be on their heads and they will enjoy the radiance of the Divine presence and my our share be with them.] May the Merciful One give us merit for the times of the messiah and for life in the world to come. A tower of salvations is our King; may He do kindness with his messiah, with David and his offspring, forever (II Samuel 22:51). The One who makes peace above, may He make peace upon us and upon all of Israel; and say, Amen. Fear the Lord, His holy ones, since there is no lacking for those that fear Him. Young lions may go without and hunger, but those that seek the Lord will not lack any good thing (Psalms 34:10-11). Thank the Lord, since He is good, since His kindness is forever (Psalms 118:1). You open Your hand and satisfy the will of all living things (Psalms 146:16). Blessed is the man that trusts in the Lord and the Lord is his security (Jeremiah 17:7). I was a youth and I have also aged and I have not seen a righteous man forsaken and his offspring seeking bread (Psalms 37:25). The Lord will give courage to His people. The Lord will bless His people with peace (Psalms 29:11).

BARECH, THIRD CUP OF WINE

בָּרוּךְ אַתָּה ה', אֱלֹהֵינוּ מֶלֶךְ הָעוֹלָם בּוֹרֵא פְּרִי הַגָּפֶן.

Blessed are You, Lord our God, King of the universe, who creates the fruit of the vine.

ושותים בהסיבה ואינו מברך ברכה אחרונה.

We drink while reclining and do not say a blessing afterwards.

BARECH, POUR OUT THY WRATH

מוזגים כוס של אליהו ופותחים את הדלת:

We pour the cup of Eliyahu and open the door.

שְׁפֹךְ חֲמָתְךָ אֶל־הַגּוֹיִם אֲשֶׁר לֹא יְדָעוּךָ וְעַל־מַמְלָכוֹת אֲשֶׁר בְּשִׁמְךָ לֹא קָרָאוּ. כִּי אָכַל אֶת־יַעֲקֹב וְאֶת־נָוֵהוּ הֵשַׁמּוּ. שְׁפָךְ־עֲלֵיהֶם זַעֲמֶךָ וַחֲרוֹן אַפְּךָ יַשִּׂיגֵם. תִּרְדֹּף בְּאַף וְתַשְׁמִידֵם מִתַּחַת שְׁמֵי ה'.

Pour your wrath upon the nations that did not know You and upon the kingdoms that did not call upon Your Name! Since they have consumed Ya'akov and laid waste his habitation (Psalms 79:6-7). Pour out Your fury upon them and the fierceness of Your anger shall reach them (Psalms 69:25)! You shall pursue them with anger and eradicate them from under the skies of the Lord (Lamentations 3:66).

HALLEL, SECOND HALF OF HALLEL

הַלֵּל

Hallel

לֹא לָנוּ, ה', לֹא לָנוּ, כִּי לְשִׁמְךָ תֵּן כָּבוֹד, עַל חַסְדְּךָ עַל אֲמִתֶּךָ. לָמָּה יֹאמְרוּ הַגּוֹיִם אַיֵּה נָא אֱלֹהֵיהֶם. וֵאלֹהֵינוּ בַּשָּׁמַיִם, כֹּל אֲשֶׁר חָפֵץ עָשָׂה. עֲצַבֵּיהֶם כֶּסֶף וְזָהָב מַעֲשֵׂה יְדֵי אָדָם. פֶּה לָהֶם וְלֹא יְדַבֵּרוּ, עֵינַיִם לָהֶם וְלֹא יִרְאוּ. אָזְנַיִם לָהֶם וְלֹא יִשְׁמָעוּ, אַף לָהֶם וְלֹא יְרִיחוּן. יְדֵיהֶם וְלֹא יְמִישׁוּן, רַגְלֵיהֶם וְלֹא יְהַלֵּכוּ, לֹא יֶהְגּוּ בִּגְרוֹנָם. כְּמוֹהֶם יִהְיוּ עֹשֵׂיהֶם, כֹּל אֲשֶׁר בֹּטֵחַ בָּהֶם. יִשְׂרָאֵל בְּטַח בַּיי, עֶזְרָם וּמָגִנָּם הוּא. בֵּית אַהֲרֹן בִּטְחוּ בַיי, עֶזְרָם וּמָגִנָּם הוּא. יִרְאֵי ה' בִּטְחוּ בַיי, עֶזְרָם וּמָגִנָּם הוּא. יי זְכָרָנוּ יְבָרֵךְ. יְבָרֵךְ אֶת בֵּית יִשְׂרָאֵל, יְבָרֵךְ אֶת בֵּית אַהֲרֹן, יְבָרֵךְ יִרְאֵי ה', הַקְּטַנִּים עִם הַגְּדֹלִים. יֹסֵף ה' עֲלֵיכֶם, עֲלֵיכֶם וְעַל בְּנֵיכֶם. בְּרוּכִים אַתֶּם לַיי, עֹשֵׂה שָׁמַיִם וָאָרֶץ. הַשָּׁמַיִם שָׁמַיִם לַיי וְהָאָרֶץ נָתַן לִבְנֵי אָדָם. לֹא הַמֵּתִים יְהַלְלוּ יָהּ וְלֹא כָּל יֹרְדֵי דוּמָה. וַאֲנַחְנוּ נְבָרֵךְ יָהּ מֵעַתָּה וְעַד עוֹלָם. הַלְלוּיָהּ.

Not to us, not to us, but rather to Your name, give glory for your kindness and for your truth. Why should the nations say, "Say, where is their God?" But our God is in the heavens, all that He wanted, He has done. Their idols are silver and gold, the work of men's hands. They have a mouth but do not speak; they have eyes but do not see. They have ears but do not hear; they have a nose but do not smell. Hands, but they do not feel; feet, but do not walk; they do not make a peep from their throat. Like them will be their makers, all those that trust in them. Israel, trust in the Lord; their help and shield is He. House of Aharon, trust in the Lord; their help and shield is He. Those that fear the Lord, trust in the Lord; their help and shield is He. The Lord who remembers us, will bless; He will bless the House of Israel; He will bless the House of Aharon. He will bless those that fear the Lord, the small ones with the great ones. May the Lord bring increase to you, to you and to your children. Blessed are you to the Lord, the maker of the heavens and the earth. The heavens, are the Lord's heavens, but the earth He has given to the children of man. It is not the dead that will praise the Lord, and not those that go down to silence. But we will bless the Lord from now and forever. Halleluyah! (Psalms 115)

אָהַבְתִּי כִּי יִשְׁמַע ה' אֶת קוֹלִי תַּחֲנוּנָי. כִּי הִטָּה אָזְנוֹ לִי וּבְיָמַי אֶקְרָא. אֲפָפוּנִי חֶבְלֵי מָוֶת וּמְצָרֵי שְׁאוֹל מְצָאוּנִי, צָרָה וְיָגוֹן אֶמְצָא. וּבְשֵׁם ה' אֶקְרָא: אָנָּא ה' מַלְּטָה נַפְשִׁי. חַנּוּן ה' וְצַדִּיק, וֵאלֹהֵינוּ מְרַחֵם. שֹׁמֵר פְּתָאִים ה', דַּלּוֹתִי וְלִי יְהוֹשִׁיעַ. שׁוּבִי נַפְשִׁי לִמְנוּחָיְכִי, כִּי ה' גָּמַל עָלָיְכִי. כִּי חִלַּצְתָּ נַפְשִׁי מִמָּוֶת, אֶת עֵינִי מִן דִּמְעָה, אֶת רַגְלִי מִדֶּחִי. אֶתְהַלֵּךְ לִפְנֵי ה' בְּאַרְצוֹת הַחַיִּים. הֶאֱמַנְתִּי כִּי אֲדַבֵּר, אֲנִי עָנִיתִי מְאֹד. אֲנִי אָמַרְתִּי בְחָפְזִי כָּל הָאָדָם כֹּזֵב.

I have loved the Lord – since He hears my voice, my supplications. Since He inclined His ear to me – and in my days, I will call out. The pangs of death have encircled me and the straits of the Pit have found me and I found grief. And in the name of the Lord I called, "Please Lord, Spare my soul." Gracious is the Lord and righteous, and our God acts mercifully. The

Lord watches over the silly; I was poor and He has saved me. Return, my soul to your tranquility, since the Lord has favored you. Since You have rescued my soul from death, my eyes from tears, my feet from stumbling. I will walk before the Lord in the lands of the living. I have trusted, when I speak – I am very afflicted. I said in my haste, all men are hypocritical. (Psalms 116:1–11)

מָה אָשִׁיב לַיי כָּל תַּגְמוּלוֹהִי עָלָי. כּוֹס יְשׁוּעוֹת אֶשָּׂא וּבְשֵׁם ה' אֶקְרָא. נְדָרַי לַיי אֲשַׁלֵּם נֶגְדָה נָּא לְכָל עַמּוֹ. יָקָר בְּעֵינֵי ה' הַמָּוְתָה לַחֲסִידָיו. אָנָּה ה' כִּי אֲנִי עַבְדֶּךָ, אֲנִי עַבְדְּךָ בֶּן אֲמָתֶךָ, פִּתַּחְתָּ לְמוֹסֵרָי. לְךָ אֶזְבַּח זֶבַח תּוֹדָה וּבְשֵׁם ה' אֶקְרָא. נְדָרַי לַיי אֲשַׁלֵּם נֶגְדָה נָּא לְכָל עַמּוֹ. בְּחַצְרוֹת בֵּית ה', בְּתוֹכֵכִי יְרוּשָׁלָיִם. הַלְלוּיָהּ.

What can I give back to the Lord for all that He has favored me? A cup of salvations I will raise up and I will call out in the name of the Lord. My vows to the Lord I will pay, now in front of His entire people. Precious in the eyes of the Lord is the death of His pious ones. Please Lord, since I am Your servant, the son of Your maidservant; You have opened my chains. To You will I offer a thanksgiving offering and I will call out in the name of the Lord. My vows to the Lord I will pay, now in front of His entire people. In the courtyards of the house of the Lord, in your midst, Jerusalem. Halleluyah! (Psalms 116:12–19)

הַלְלוּ אֶת ה' כָּל גּוֹיִם, שַׁבְּחוּהוּ כָּל הָאֻמִּים. כִּי גָבַר עָלֵינוּ חַסְדּוֹ, וֶאֱמֶת ה' לְעוֹלָם. הַלְלוּיָהּ. הוֹדוּ לַיי כִּי טוֹב כִּי לְעוֹלָם חַסְדּוֹ. יֹאמַר נָא יִשְׂרָאֵל כִּי לְעוֹלָם חַסְדּוֹ. יֹאמְרוּ נָא בֵית אַהֲרֹן כִּי לְעוֹלָם חַסְדּוֹ. יֹאמְרוּ נָא יִרְאֵי ה' כִּי לְעוֹלָם חַסְדּוֹ.

Praise the name of the Lord, all nations; extol Him all peoples. Since His kindness has overwhelmed us and the truth of the Lord is forever. Halleluyah! Thank the Lord, since He is good, since His kindness is forever. Let Israel now say, "Thank the Lord, since He is good, since His kindness is forever." Let the House of Aharon now say, "Thank the Lord, since He is good, since His kindness is forever." Let those that fear the Lord now say, "Thank the Lord, since He is good, since His kindness is forever." (Psalms 117–118:4)

מִן הַמֵּצַר קָרָאתִי יָּהּ, עָנָנִי בַמֶּרְחַב יָהּ. ה' לִי, לֹא אִירָא – מַה יַּעֲשֶׂה לִי אָדָם, ה' לִי בְּעֹזְרָי וַאֲנִי אֶרְאֶה בְשֹׂנְאָי. טוֹב לַחֲסוֹת בַּיי מִבְּטֹחַ בָּאָדָם. טוֹב לַחֲסוֹת בַּיי מִבְּטֹחַ בִּנְדִיבִים. כָּל גּוֹיִם סְבָבוּנִי, בְּשֵׁם ה' כִּי אֲמִילַם. סַבּוּנִי גַם סְבָבוּנִי, בְּשֵׁם ה' כִּי אֲמִילַם. סַבּוּנִי כִדְבֹרִים, דֹּעֲכוּ כְּאֵשׁ קוֹצִים, בְּשֵׁם ה' כִּי אֲמִילַם. דָּחֹה דְחִיתַנִי לִנְפֹּל, וַיי עֲזָרָנִי. עָזִּי וְזִמְרָת יָהּ וַיְהִי לִי לִישׁוּעָה. קוֹל רִנָּה וִישׁוּעָה בְּאָהֳלֵי צַדִּיקִים: יְמִין ה' עֹשָׂה חָיִל, יְמִין ה' רוֹמֵמָה, יְמִין ה' עֹשָׂה חָיִל. לֹא אָמוּת כִּי אֶחְיֶה, וַאֲסַפֵּר מַעֲשֵׂי יָהּ. יַסֹּר יִסְּרַנִּי יָּהּ, וְלַמָּוֶת לֹא נְתָנָנִי. פִּתְחוּ לִי שַׁעֲרֵי צֶדֶק, אָבֹא בָם, אוֹדֶה יָהּ. זֶה הַשַּׁעַר לַיי, צַדִּיקִים יָבֹאוּ בוֹ.

From the strait I have called, Lord; He answered me from the wide space, the Lord. The Lord is for me, I will not fear, what will man do to me? The Lord is for me with my helpers, and I shall glare at those that hate me. It is better to take refuge with the Lord than to trust in man. It is better to take refuge with the Lord than to trust in nobles. All the nations surrounded me – in the name of the Lord, as I will chop them off. They surrounded me, they also encircled me – in the name of the Lord, as I will chop them off. They surrounded me like bees, they were extinguished like a fire of thorns – in the name of the Lord, as I will chop them off. You have surely pushed me to fall, but the Lord helped me. My boldness and song is the Lord, and He has become my salvation. The sound of happy song and salvation is in the tents of the righteous, the right hand of the Lord acts powerfully. I will not die but rather I will live and tell over the acts of the Lord. The Lord has surely chastised me, but He has not given me over to death. Open up for me the gates of righteousness; I will enter them, thank the Lord. This is the gate of the Lord, the righteous will enter it. (Psalms 118:5–20)

אוֹדְךָ כִּי עֲנִיתָנִי וַתְּהִי לִי לִישׁוּעָה. אוֹדְךָ כִּי עֲנִיתָנִי וַתְּהִי לִי לִישׁוּעָה. אֶבֶן מָאֲסוּ הַבּוֹנִים הָיְתָה לְרֹאשׁ פִּנָּה. אֶבֶן מָאֲסוּ הַבּוֹנִים הָיְתָה לְרֹאשׁ פִּנָּה. מֵאֵת ה' הָיְתָה זֹּאת הִיא נִפְלָאת בְּעֵינֵינוּ. מֵאֵת ה' הָיְתָה זֹּאת הִיא נִפְלָאת בְּעֵינֵינוּ. זֶה הַיּוֹם עָשָׂה ה'. נָגִילָה וְנִשְׂמְחָה בוֹ. זֶה הַיּוֹם עָשָׂה ה'. נָגִילָה וְנִשְׂמְחָה בוֹ.

I will thank You, since You answered me and You have become my salvation. The stone that was left by the builders has become the main cornerstone. From the Lord was this, it is wondrous in our eyes. This is the day of the Lord, let us exult and rejoice upon it. (Psalms 118:21–24)

אָנָּא ה', הוֹשִׁיעָה נָּא. אָנָּא ה', הוֹשִׁיעָה נָּא. אָנָּא ה', הַצְלִיחָה נָא. אָנָּא ה', הַצְלִיחָה נָא.

Please, Lord, save us now; please, Lord, give us success now! (Psalms 118:25)

בָּרוּךְ הַבָּא בְּשֵׁם ה', בֵּרַכְנוּכֶם מִבֵּית ה'. בָּרוּךְ הַבָּא בְּשֵׁם ה'. אֵל ה' וַיָּאֶר לָנוּ. אִסְרוּ חַג בַּעֲבֹתִים עַד קַרְנוֹת הַמִּזְבֵּחַ. אֵל ה' וַיָּאֶר לָנוּ. אִסְרוּ חַג בַּעֲבֹתִים עַד קַרְנוֹת הַמִּזְבֵּחַ. אֵלִי אַתָּה וְאוֹדֶךָּ, אֱלֹהַי – אֲרוֹמְמֶךָּ. אֵלִי אַתָּה וְאוֹדֶךָּ, אֱלֹהַי – אֲרוֹמְמֶךָּ. הוֹדוּ לַיי כִּי טוֹב, כִּי לְעוֹלָם חַסְדּוֹ. הוֹדוּ לַיי כִּי טוֹב, כִּי לְעוֹלָם חַסְדּוֹ.

Blessed be the one who comes in the name of the Lord, we have blessed you from the house of the Lord. God is the Lord, and He has illuminated us; tie up the festival offering with ropes until it reaches the corners of the altar. You are my Power and I will Thank You; my God and I will exalt You. Thank the Lord, since He is good, since His kindness is forever. (Psalms 118:26–29)

יְהַלְלוּךָ ה' אֱלֹהֵינוּ כָּל מַעֲשֶׂיךָ, וַחֲסִידֶיךָ צַדִּיקִים עוֹשֵׂי רְצוֹנֶךָ, וְכָל עַמְּךָ בֵּית יִשְׂרָאֵל בְּרִנָּה יוֹדוּ וִיבָרְכוּ, וִישַׁבְּחוּ וִיפָאֲרוּ, וִירוֹמְמוּ וְיַעֲרִיצוּ, וְיַקְדִּישׁוּ וְיַמְלִיכוּ אֶת שִׁמְךָ, מַלְכֵּנוּ. כִּי לְךָ טוֹב לְהוֹדוֹת וּלְשִׁמְךָ נָאֶה לְזַמֵּר, כִּי מֵעוֹלָם וְעַד עוֹלָם אַתָּה אֵל.

All of your works shall praise You, Lord our God, and your pious ones, the righteous ones who do Your will; and all of Your people, the House of Israel will thank and bless in joyful song: and extol and glorify, and exalt and acclaim, and sanctify and coronate Your name, our King. Since, You it is good to thank, and to Your name it is pleasant to sing, since from always and forever are you the Power.

HALLEL, SONGS OF PRAISE AND THANKS

הוֹדוּ לַיי כִּי טוֹב כִּי לְעוֹלָם חַסְדּוֹ. הוֹדוּ לֵאלֹהֵי הָאֱלֹהִים כִּי לְעוֹלָם חַסְדּוֹ. הוֹדוּ לַאֲדֹנֵי הָאֲדֹנִים כִּי לְעוֹלָם חַסְדּוֹ. לְעֹשֵׂה נִפְלָאוֹת גְדֹלוֹת לְבַדּוֹ כִּי לְעוֹלָם חַסְדּוֹ. לְעֹשֵׂה הַשָּׁמַיִם בִּתְבוּנָה כִּי לְעוֹלָם חַסְדּוֹ. לְרוֹקַע הָאָרֶץ עַל הַמָּיִם כִּי לְעוֹלָם חַסְדּוֹ. לְעֹשֵׂה אוֹרִים גְּדֹלִים כִּי לְעוֹלָם חַסְדּוֹ. אֶת הַשֶּׁמֶשׁ לְמֶמְשֶׁלֶת בַּיּוֹם כִּי לְעוֹלָם חַסְדּוֹ. אֶת הַיָּרֵחַ וְכוֹכָבִים לְמֶמְשְׁלוֹת בַּלָּיְלָה כִּי לְעוֹלָם חַסְדּוֹ. לְמַכֵּה מִצְרַיִם בִּבְכוֹרֵיהֶם כִּי לְעוֹלָם חַסְדּוֹ. וַיּוֹצֵא יִשְׂרָאֵל מִתּוֹכָם כִּי לְעוֹלָם חַסְדּוֹ. בְּיָד חֲזָקָה וּבִזְרוֹעַ נְטוּיָה כִּי לְעוֹלָם חַסְדּוֹ. לְגֹזֵר יַם סוּף לִגְזָרִים כִּי לְעוֹלָם חַסְדּוֹ. וְהֶעֱבִיר יִשְׂרָאֵל בְּתוֹכוֹ כִּי לְעוֹלָם חַסְדּוֹ. וְנִעֵר פַּרְעֹה וְחֵילוֹ בְיַם סוּף כִּי לְעוֹלָם חַסְדּוֹ. לְמוֹלִיךְ עַמּוֹ בַּמִּדְבָּר כִּי לְעוֹלָם חַסְדּוֹ. לְמַכֵּה מְלָכִים גְּדֹלִים כִּי לְעוֹלָם חַסְדּוֹ. וַיַּהֲרֹג מְלָכִים אַדִּירִים כִּי לְעוֹלָם חַסְדּוֹ. לְסִיחוֹן מֶלֶךְ הָאֱמֹרִי כִּי לְעוֹלָם חַסְדּוֹ. וּלְעוֹג מֶלֶךְ הַבָּשָׁן כִּי לְעוֹלָם חַסְדּוֹ. וְנָתַן אַרְצָם לְנַחֲלָה כִּי לְעוֹלָם חַסְדּוֹ. נַחֲלָה לְיִשְׂרָאֵל עַבְדּוֹ כִּי לְעוֹלָם חַסְדּוֹ. שֶׁבְּשִׁפְלֵנוּ זָכַר לָנוּ כִּי לְעוֹלָם חַסְדּוֹ. וַיִּפְרְקֵנוּ מִצָּרֵינוּ כִּי לְעוֹלָם חַסְדּוֹ. נֹתֵן לֶחֶם לְכָל בָּשָׂר כִּי לְעוֹלָם חַסְדּוֹ. הוֹדוּ לְאֵל הַשָּׁמָיִם כִּי לְעוֹלָם חַסְדּוֹ.

Thank the Lord, since He is good, since His kindness is forever. Thank the Power of powers since His kindness is forever. To the Master of masters, since His kindness is forever. To the One who alone does wondrously great deeds, since His kindness is forever. To the one who made the Heavens with discernment, since His kindness is forever. To the One who spread the earth over the waters, since His kindness is forever. To the One who made great lights, since His kindness is forever. The sun to rule in the day, since His kindness is forever. The moon and the stars to rule in the night, since His kindness is forever. To the One that smote Egypt through their firstborn, since His kindness is forever. And He took Israel out from among them, since His kindness is forever. With a strong hand and an outstretched forearm, since His kindness is forever. To the One who cut up the Reed Sea into strips, since His kindness is forever. And He made Israel to pass through it, since His kindness is forever. And He jolted Pharaoh and his troop in the Reed Sea, since His kindness is forever. To the One who led his people in the wilderness, since His kindness is forever. To the One who smote great kings, since His kindness is forever. And he killed mighty kings, since His kindness is forever. Sichon, king of the Amorite, since His kindness is forever. And Og, king of the Bashan, since His kindness is forever. And he gave their land as an inheritance, since His kindness is forever. An inheritance for Israel, His servant, since His kindness is forever. That in our lowliness, He remembered us, since His kindness is forever. And he delivered us from our adversaries, since His kindness is forever. He gives bread to all flesh, since His kindness is forever. Thank the Power of the heavens, since His kindness is forever. (Psalms 136)

נִשְׁמַת כָּל חַי תְּבָרֵךְ אֶת שִׁמְךָ, ה' אֱלֹהֵינוּ, וְרוּחַ כָּל בָּשָׂר תְּפָאֵר וּתְרוֹמֵם זִכְרְךָ, מַלְכֵּנוּ, תָּמִיד. מִן הָעוֹלָם וְעַד הָעוֹלָם אַתָּה אֵל, וּמִבַּלְעָדֶיךָ אֵין לָנוּ מֶלֶךְ גּוֹאֵל וּמוֹשִׁיעַ, פּוֹדֶה וּמַצִּיל וּמְפַרְנֵס וּמְרַחֵם בְּכָל עֵת צָרָה וְצוּקָה. אֵין לָנוּ מֶלֶךְ אֶלָּא אַתָּה. אֱלֹהֵי הָרִאשׁוֹנִים וְהָאַחֲרוֹנִים, אֱלוֹהַּ כָּל בְּרִיּוֹת, אֲדוֹן כָּל תּוֹלָדוֹת, הַמְהֻלָּל בְּרֹב הַתִּשְׁבָּחוֹת, הַמְנַהֵג עוֹלָמוֹ בְּחֶסֶד וּבְרִיּוֹתָיו בְּרַחֲמִים. וַיי לֹא יָנוּם וְלֹא יִישָׁן – הַמְעוֹרֵר יְשֵׁנִים וְהַמֵּקִיץ נִרְדָּמִים, וְהַמֵּשִׂיחַ אִלְּמִים וְהַמַּתִּיר אֲסוּרִים וְהַסּוֹמֵךְ נוֹפְלִים וְהַזּוֹקֵף כְּפוּפִים. לְךָ לְבַדְּךָ אֲנַחְנוּ מוֹדִים.

The soul of every living being shall bless Your Name, Lord our God; the spirit of all flesh shall glorify and exalt Your remembrance always, our King. From the world and until the world, You are the Power, and other than You we have no king, redeemer, or savior, restorer, rescuer, provider, and merciful one in every time of distress and anguish; we have no king, besides You! God of the first ones and the last ones, God of all creatures, Master of all Generations, Who is praised through a multitude of praises, Who guides His world with kindness and His creatures with mercy. The Lord neither slumbers nor sleeps. He who rouses the sleepers and awakens the dozers; He who makes the mute speak, and frees the captives, and supports the falling, and straightens the bent. We thank You alone.

אִלּוּ פִינוּ מָלֵא שִׁירָה כַּיָּם, וּלְשׁוֹנֵנוּ רִנָּה כַּהֲמוֹן גַּלָּיו, וְשִׂפְתוֹתֵינוּ שֶׁבַח כְּמֶרְחֲבֵי רָקִיעַ, וְעֵינֵינוּ מְאִירוֹת כַּשֶּׁמֶשׁ וְכַיָּרֵחַ, וְיָדֵינוּ פְרוּשׂוֹת כְּנִשְׁרֵי שָׁמָיִם, וְרַגְלֵינוּ קַלּוֹת כָּאַיָּלוֹת – אֵין אֲנַחְנוּ מַסְפִּיקִים לְהוֹדוֹת לְךָ, ה' אֱלֹהֵינוּ וֵאלֹהֵי אֲבוֹתֵינוּ, וּלְבָרֵךְ אֶת שְׁמֶךָ עַל אַחַת מֵאֶלֶף, אַלְפֵי אֲלָפִים וְרִבֵּי רְבָבוֹת פְּעָמִים הַטּוֹבוֹת שֶׁעָשִׂיתָ עִם אֲבוֹתֵינוּ וְעִמָּנוּ. מִמִּצְרַיִם גְּאַלְתָּנוּ, ה' אֱלֹהֵינוּ, וּמִבֵּית עֲבָדִים פְּדִיתָנוּ, בְּרָעָב זַנְתָּנוּ וּבְשָׂבָע כִּלְכַּלְתָּנוּ, מֵחֶרֶב הִצַּלְתָּנוּ וּמִדֶּבֶר מִלַּטְתָּנוּ, וּמֵחֳלָיִם רָעִים וְנֶאֱמָנִים דִּלִּיתָנוּ.

Were our mouth as full of song as the sea, and our tongue as full of joyous song as its multitude of waves, and our lips as full of praise as the breadth of the heavens, and our eyes as sparkling as the sun and the moon, and our hands as outspread as the eagles of the sky and our feet as swift as deers – we still could not thank You sufficiently, Lord our God and God of our ancestors, and to bless Your Name for one thousandth of the thousand of thousands of thousands, and myriad myriads, of goodnesses that You performed for our ancestors and for us. From Egypt, Lord our God, did you redeem us and from the house of slaves you restored us. In famine You nourished us, and in plenty you sustained us. From the sword you saved us, and from plague you spared us; and from severe and enduring diseases you delivered us.

עַד הֵנָּה עֲזָרוּנוּ רַחֲמֶיךָ וְלֹא עֲזָבוּנוּ חֲסָדֶיךָ, וְאַל תִּטְּשֵׁנוּ, ה' אֱלֹהֵינוּ, לָנֶצַח. עַל כֵּן אֵבָרִים שֶׁפִּלַּגְתָּ בָּנוּ וְרוּחַ וּנְשָׁמָה שֶׁנָּפַחְתָּ בְּאַפֵּינוּ וְלָשׁוֹן אֲשֶׁר שַׂמְתָּ בְּפִינוּ – הֵן הֵם יוֹדוּ וִיבָרְכוּ וִישַׁבְּחוּ וִיפָאֲרוּ וִירוֹמְמוּ וְיַעֲרִיצוּ וְיַקְדִּישׁוּ וְיַמְלִיכוּ אֶת שִׁמְךָ מַלְכֵּנוּ. כִּי כָל פֶּה לְךָ יוֹדֶה, וְכָל לָשׁוֹן לְךָ תִשָּׁבַע, וְכָל בֶּרֶךְ לְךָ תִכְרַע, וְכָל קוֹמָה לְפָנֶיךָ תִשְׁתַּחֲוֶה, וְכָל לְבָבוֹת יִירָאוּךָ, וְכָל קֶרֶב וּכְלָיוֹת יְזַמְּרוּ לִשְׁמֶךָ. כַּדָּבָר שֶׁכָּתוּב, כָּל עַצְמֹתַי תֹּאמַרְנָה, ה' מִי כָמוֹךָ מַצִּיל עָנִי מֵחָזָק מִמֶּנּוּ וְעָנִי וְאֶבְיוֹן מִגֹּזְלוֹ. מִי יִדְמֶה לָּךְ וּמִי יִשְׁוֶה לָּךְ וּמִי יַעֲרָךְ לָךְ הָאֵל הַגָּדוֹל, הַגִּבּוֹר וְהַנּוֹרָא, אֵל עֶלְיוֹן, קֹנֵה שָׁמַיִם וָאָרֶץ. נְהַלֶּלְךָ וּנְשַׁבֵּחֲךָ וּנְפָאֶרְךָ וּנְבָרֵךְ אֶת שֵׁם קָדְשֶׁךָ, כָּאָמוּר: לְדָוִד, בָּרְכִי נַפְשִׁי אֶת ה' וְכָל קְרָבַי אֶת שֵׁם קָדְשׁוֹ. הָאֵל בְּתַעֲצֻמוֹת עֻזֶּךָ, הַגָּדוֹל בִּכְבוֹד שְׁמֶךָ, הַגִּבּוֹר לָנֶצַח וְהַנּוֹרָא בְּנוֹרְאוֹתֶיךָ, הַמֶּלֶךְ הַיּוֹשֵׁב עַל כִּסֵּא רָם וְנִשָּׂא. שׁוֹכֵן עַד מָרוֹם וְקָדוֹשׁ שְׁמוֹ. וְכָתוּב: רַנְּנוּ צַדִּיקִים בַּיי, לַיְשָׁרִים נָאוָה תְהִלָּה. בְּפִי יְשָׁרִים תִּתְהַלָּל, וּבְדִבְרֵי צַדִּיקִים תִּתְבָּרַךְ, וּבִלְשׁוֹן חֲסִידִים תִּתְרוֹמָם, וּבְקֶרֶב קְדוֹשִׁים תִּתְקַדָּשׁ.

Until now Your mercy has helped us, and Your kindness has not forsaken us; and do not abandon us, Lord our God, forever. Therefore, the limbs that You set within us and the spirit and soul that You breathed into our nostrils, and the tongue that You placed in our mouth – verily, they shall thank and bless and praise and glorify, and exalt and revere, and sanctify and coronate Your name, our King. For every mouth shall offer thanks to You; and every tongue shall swear allegiance to You; and every knee shall bend to You; and every upright one shall prostrate himself before You; all hearts shall fear You; and all innermost feelings and thoughts shall sing praises to Your name, as the matter is written (Psalms 35:10), "All my bones shall say, 'Lord, who is like You? You save the poor man from one who is stronger than he, the poor and destitute from the one who would rob him.'" Who is similar to You and who is equal to You and who can be compared to You, O great, strong and awesome Power, O highest Power, Creator of the heavens and the earth. We shall praise and extol and glorify and bless Your holy name, as it is stated (Psalms 103:1), " [A Psalm] of David. Bless the Lord, O my soul; and all that is within me, His holy name." The Power, in Your powerful boldness; the Great, in the glory of Your name; the Strong One forever; the King who sits on His high and elevated throne. He who dwells always; lofty and holy is His name. And as it is written (Psalms 33:10), "Sing joyfully to the Lord, righteous ones, praise is beautiful from the upright." By the mouth of the upright You shall be praised; By the lips of the righteous shall You be blessed; By the tongue of the devout shall You be exalted; And among the holy shall You be sanctified.

וּבְמַקְהֲלוֹת רִבְבוֹת עַמְּךָ בֵּית יִשְׂרָאֵל בְּרִנָּה יִתְפָּאַר שִׁמְךָ, מַלְכֵּנוּ, בְּכָל דּוֹר וָדוֹר, שֶׁכֵּן חוֹבַת כָּל הַיְצוּרִים לְפָנֶיךָ, ה' אֱלֹהֵינוּ וֵאלֹהֵי אֲבוֹתֵינוּ, לְהוֹדוֹת לְהַלֵּל לְשַׁבֵּחַ, לְפָאֵר לְרוֹמֵם לְהַדֵּר לְבָרֵךְ, לְעַלֵּה וּלְקַלֵּס עַל כָּל דִּבְרֵי שִׁירוֹת וְתִשְׁבְּחוֹת דָּוִד בֶּן יִשַׁי עַבְדְּךָ מְשִׁיחֶךָ.

And in the assemblies of the myriads of Your people, the House of Israel, in joyous song will Your name be glorified, our King, in each and every generation; as it is the duty of all creatures, before You, Lord our God, and God of our ancestors, to thank, to praise, to extol, to glorify, to exalt, to lavish, to bless, to raise high and to acclaim – beyond the words of the songs and praises of David, the son of Yishai, Your servant, Your anointed one.

יִשְׁתַּבַּח שִׁמְךָ לָעַד מַלְכֵּנוּ, הָאֵל הַמֶּלֶךְ הַגָּדוֹל וְהַקָּדוֹשׁ בַּשָּׁמַיִם וּבָאָרֶץ, כִּי לְךָ נָאֶה, ה' אֱלֹהֵינוּ וֵאלֹהֵי אֲבוֹתֵינוּ, שִׁיר וּשְׁבָחָה, הַלֵּל וְזִמְרָה, עֹז וּמֶמְשָׁלָה, נֶצַח, גְּדֻלָּה וּגְבוּרָה, תְּהִלָּה וְתִפְאֶרֶת, קְדֻשָּׁה וּמַלְכוּת, בְּרָכוֹת וְהוֹדָאוֹת מֵעַתָּה וְעַד עוֹלָם. בָּרוּךְ אַתָּה ה', אֵל מֶלֶךְ גָּדוֹל בַּתִּשְׁבָּחוֹת, אֵל הַהוֹדָאוֹת, אֲדוֹן הַנִּפְלָאוֹת, הַבּוֹחֵר בְּשִׁירֵי זִמְרָה, מֶלֶךְ אֵל חֵי הָעוֹלָמִים.

May Your name be praised forever, our King, the Power, the Great and holy King – in the heavens and in the earth. Since for You it is pleasant – O Lord our God and God of our ancestors – song and lauding, praise and hymn, boldness and dominion, triumph, greatness and strength, psalm and splendor, holiness and kingship, blessings and thanksgivings, from now and forever. Blessed are You Lord, Power, King exalted through laudings, Power of thanksgivings, Master of Wonders, who chooses the songs of hymn – King, Power of the life of the worlds.

HALLEL, FOURTH CUP OF WINE

בָּרוּךְ אַתָּה ה', אֱלֹהֵינוּ מֶלֶךְ הָעוֹלָם בּוֹרֵא פְּרִי הַגָּפֶן.

Blessed are You, Lord our God, King of the universe, who creates the fruit of the vine.

We drink while reclining to the left | וְשותה בהסיבת שמאל.

בָּרוּךְ אַתָּה ה' אֱלֹהֵינוּ מֶלֶךְ הָעוֹלָם, עַל הַגֶּפֶן וְעַל פְּרִי הַגֶּפֶן, עַל תְּנוּבַת הַשָּׂדֶה וְעַל אֶרֶץ חֶמְדָּה טוֹבָה וּרְחָבָה שֶׁרָצִיתָ וְהִנְחַלְתָּ לַאֲבוֹתֵינוּ לֶאֱכוֹל מִפִּרְיָהּ וְלִשְׂבֹּעַ מִטּוּבָהּ. רַחֵם נָא ה' אֱלֹהֵינוּ עַל יִשְׂרָאֵל עַמֶּךָ וְעַל יְרוּשָׁלַיִם עִירֶךָ וְעַל צִיּוֹן מִשְׁכַּן כְּבוֹדֶךָ וְעַל מִזְבְּחֶךָ וְעַל הֵיכָלֶךָ וּבְנֵה יְרוּשָׁלַיִם עִיר הַקֹּדֶשׁ בִּמְהֵרָה בְיָמֵינוּ וְהַעֲלֵנוּ לְתוֹכָהּ וְשַׂמְּחֵנוּ בְּבִנְיָנָהּ וְנֹאכַל מִפִּרְיָהּ וְנִשְׂבַּע מִטּוּבָהּ וּנְבָרֶכְךָ עָלֶיהָ בִּקְדֻשָּׁה וּבְטָהֳרָה [בשבת: וּרְצֵה וְהַחֲלִיצֵנוּ בְּיוֹם הַשַּׁבָּת הַזֶּה] וְשַׂמְּחֵנוּ בְּיוֹם חַג הַמַּצּוֹת הַזֶּה, כִּי אַתָּה ה' טוֹב וּמֵטִיב לַכֹּל, וְנוֹדֶה לְּךָ עַל הָאָרֶץ וְעַל פְּרִי הַגָּפֶן.

Blessed are You, Lord our God, King of the universe, for the vine and for the fruit of the vine; and for the bounty of the field; and for a desirable, good and broad land, which You wanted to give to our fathers, to eat from its fruit and to be satiated from its goodness. Please have mercy, Lord our God upon Israel Your people; and upon Jerusalem, Your city: and upon Zion, the dwelling place of Your glory; and upon Your altar; and upon Your sanctuary; and build Jerusalem Your holy city quickly in our days, and bring us up into it and gladden us in its building; and we shall eat from its fruit, and be satiated from its goodness, and bless You in holiness and purity. [On Shabbat: And may you be pleased to embolden us on this Shabbat day] and gladden us on this day of the Festival of Matsot. Since You, Lord, are good and do good to all, we thank You for the land and for the fruit of the vine.

בָּרוּךְ אַתָּה ה', עַל הַגֶּפֶן וְעַל פְּרִי הַגָּפֶן.

Blessed are You, Lord, for the land and for the fruit of the vine

NIRTZAH, CHASAL SIDDUR PESACH

נִרְצָה

Accepted

חֲסַל סִדּוּר פֶּסַח כְּהִלְכָתוֹ, כְּכָל מִשְׁפָּטוֹ וְחֻקָּתוֹ. כַּאֲשֶׁר זָכִינוּ לְסַדֵּר אוֹתוֹ כֵּן נִזְכֶּה לַעֲשׂוֹתוֹ. זָךְ שׁוֹכֵן מְעוֹנָה, קוֹמֵם קְהַל עֲדַת מִי מָנָה. בְּקָרוֹב נַהֵל נִטְעֵי כַנָּה פְּדוּיִם לְצִיּוֹן בְּרִנָּה.

Completed is the Seder of Pesach according to its law, according to all its judgement and statute. Just as we have merited to arrange it, so too, may we merit to do [its sacrifice]. Pure One who dwells in the habitation, raise up the congregation of the community, which whom can count. Bring close, lead the plantings of the sapling, redeemed, to Zion in joy.

NIRTZAH, L'SHANA HABAA

Next year, let us be in the built Jerusalem! | לְשָׁנָה הַבָּאָה בִּירוּשָׁלַיִם הַבְּנוּיָה.

NIRTZAH, AND IT HAPPENED AT MIDNIGHT

On the first night we say: | בליל ראשון אומרים:

And so, it was in the middle of the night. | וּבְכֵן וַיְהִי בַּחֲצִי הַלַּיְלָה.

אָז רוֹב נִסִּים הִפְלֵאתָ בַּלַּיְלָה, בְּרֹאשׁ אַשְׁמוֹרֶת זֶה הַלַּיְלָה.

Then, most of the miracles did You wondrously do at night, at the first of the watches this night.

גֵּר צֶדֶק נִצַּחְתּוֹ כְּנֶחֱלַק לוֹ לַיְלָה, וַיְהִי בַּחֲצִי הַלַּיְלָה.
A righteous convert did you make victorious when it was divided for him at night [referring to Avraham in his war against the four kings – Genesis 14:15], and it was in the middle of the night.

דַּנְתָּ מֶלֶךְ גְּרָר בַּחֲלוֹם הַלַּיְלָה, הִפְחַדְתָּ אֲרַמִּי בְּאֶמֶשׁ לַיְלָה.
You judged the king of Gerrar [Avimelekh] in a dream of the night; you frightened an Aramean [Lavan] in the dark of the night;

וַיָּשַׂר יִשְׂרָאֵל לְמַלְאָךְ וַיּוּכַל לוֹ לַיְלָה, וַיְהִי בַּחֲצִי הַלַּיְלָה.
and Yisrael dominated an angel and was able to withstand Him at night [Genesis 32:25–30], and it was in the middle of the night.

זֶרַע בְּכוֹרֵי פַתְרוֹס מָחַצְתָּ בַּחֲצִי הַלַּיְלָה, חֵילָם לֹא מָצְאוּ בְּקוּמָם בַּלַּיְלָה, טִיסַת נְגִיד חֲרֹשֶׁת סִלִּיתָ בְכוֹכְבֵי לַיְלָה, וַיְהִי בַּחֲצִי הַלַּיְלָה.
You crushed the firstborn of Patros [Pharaoh, as per Ezekiel 30:14] in the middle of the night, their wealth they did not find when they got up at night; the attack of the leader Charoshet [Sisera] did you sweep away by the stars of the night [Judges 5:20], and it was in the middle of the night.

יָעַץ מְחָרֵף לְנוֹפֵף אִוּוּי, הוֹבַשְׁתָּ פְגָרָיו בַּלַּיְלָה, כָּרַע בֵּל וּמַצָּבוֹ בְּאִישׁוֹן לַיְלָה, לְאִישׁ חֲמוּדוֹת נִגְלָה רָז חֲזוֹת לַיְלָה, וַיְהִי בַּחֲצִי הַלַּיְלָה.
The blasphemer [Sancheriv whose servants blasphemed when trying to discourage the inhabitants of Jerusalem] counseled to wave off the desired ones, You made him wear his corpses on his head at night [II Kings 19:35]; Bel and his pedestal were bent in the pitch of night [in Nevuchadnezar's dream in Daniel 2]; to the man of delight [Daniel] was revealed the secret visions at night, and it was in the middle of the night.

מִשְׁתַּכֵּר בִּכְלֵי קֹדֶשׁ נֶהֱרַג בּוֹ בַּלַּיְלָה, נוֹשַׁע מִבּוֹר אֲרָיוֹת פּוֹתֵר בִּעֲתוּתֵי לַיְלָה, שִׂנְאָה נָטַר אֲגָגִי וְכָתַב סְפָרִים בַּלַּיְלָה, וַיְהִי בַּחֲצִי הַלַּיְלָה.
The one who got drunk [Balshatsar] from the holy vessels was killed on that night [Daniel 5:30], the one saved from the pit of lions [Daniel] interpreted the scary visions of the night; hatred was preserved by the Agagite [Haman] and he wrote books at night, and it was in the middle of the night.

עוֹרַרְתָּ נִצְחֲךָ עָלָיו בְּנֶדֶד שְׁנַת לַיְלָה. פּוּרָה תִדְרוֹךְ לְשׁוֹמֵר מַה מִּלַּיְלָה, צָרַח כַּשּׁוֹמֵר וְשָׂח אָתָא בֹקֶר וְגַם לַיְלָה, וַיְהִי בַּחֲצִי הַלַּיְלָה.
You aroused your victory upon him by disturbing the sleep of night [of Achashverosh], You will stomp the wine press for the one who guards from anything at night [Esav/Seir as per Isaiah 21:11]; He yelled like a guard and spoke, "the morning has come and also the night," and it was in the middle of the night.

קָרֵב יוֹם אֲשֶׁר הוּא לֹא יוֹם וְלֹא לַיְלָה, רָם הוֹדַע כִּי לְךָ הַיּוֹם אַף לְךָ הַלַּיְלָה, שׁוֹמְרִים הַפְקֵד לְעִירְךָ כָּל הַיּוֹם וְכָל הַלַּיְלָה, תָּאִיר כְּאוֹר יוֹם חֶשְׁכַּת לַיְלָה, וַיְהִי בַּחֲצִי הַלַּיְלָה.
Bring close the day which is not day and not night [referring to the end of days – Zechariah 14:7], High One, make known that Yours is the day and also Yours is the night, guards appoint for Your city all the day and all the night, illuminate like the light of the day, the darkness of the night, and it was in the middle of the night.

NIRTZAH, ZEVACH PESACH

בליל שני בחו"ל: וּבְכֵן וַאֲמַרְתֶּם זֶבַח פֶּסַח.
On the second night, outside of Israel: And so "And you shall say, 'it is the Pesach sacrifice'"(Exodus 12:42).

אֹמֶץ גְּבוּרוֹתֶיךָ הִפְלֵאתָ בַּפֶּסַח, בְּרֹאשׁ כָּל מוֹעֲדוֹת נִשֵּׂאתָ פֶּסַח. גִּלִּיתָ לְאֶזְרָחִי חֲצוֹת לֵיל פֶּסַח, וַאֲמַרְתֶּם זֶבַח פֶּסַח.
The boldness of Your strong deeds did you wondrously show at Pesach; at the head of all the holidays did You raise Pesach; You revealed to the Ezrachite [Avraham], midnight of the night of Pesach. "And you shall say, 'it is the Pesach sacrifice.'"

דְּלָתָיו דָּפַקְתָּ כְּחֹם הַיּוֹם בַּפֶּסַח, הִסְעִיד נוֹצְצִים עֻגוֹת מַצּוֹת בַּפֶּסַח, וְאֶל הַבָּקָר רָץ זֵכֶר לְשׁוֹר עֵרֶךְ פֶּסַח, וַאֲמַרְתֶּם זֶבַח פֶּסַח.
Upon his doors did You knock at the heat of the day on Pesach [Genesis 18:1]; he sustained shining ones [angels] with cakes of matsa on Pesach; and to the cattle he ran, in commemoration of the bull that was set up for Pesach. "And you shall say, 'it is the Pesach sacrifice.'"

זוֹעֲמוּ סְדוֹמִים וְלוֹהֲטוּ בָּאֵשׁ בַּפֶּסַח, חֻלַּץ לוֹט מֵהֶם וּמַצּוֹת אָפָה בְּקֵץ פֶּסַח, טִאטֵאתָ אַדְמַת מוֹף וְנוֹף בְּעָבְרְךָ בַּפֶּסַח. וַאֲמַרְתֶּם זֶבַח פֶּסַח.

The Sodomites caused Him indignation and He set them on fire on Pesach; Lot was rescued from them and matsot did he bake at the end of Pesach; He swept the land of Mof and Nof [cities in Egypt] on Pesach. "And you shall say, 'it is the Pesach sacrifice.'"

יָהּ רֹאשׁ כָּל הוֹן מָחַצְתָּ בְּלֵיל שִׁמּוּר פֶּסַח, כַּבִּיר, עַל בֵּן בְּכוֹר פָּסַחְתָּ בְּדַם פֶּסַח, לְבִלְתִּי תֵּת מַשְׁחִית לָבֹא בִּפְתָחַי בַּפֶּסַח, וַאֲמַרְתֶּם זֶבַח פֶּסַח.

The head of every firstborn did You crush on the guarded night of Pesach; Powerful One, over the firstborn son did You pass over with the blood on Pesach; so as to not let the destroyer come into my gates on Pesach. "And you shall say, 'it is the Pesach sacrifice.'"

מְסֻגֶּרֶת סֻגָּרָה בְּעִתּוֹתֵי פֶּסַח, נִשְׁמְדָה מִדְיָן בִּצְלִיל שְׂעוֹרֵי עֹמֶר פֶּסַח, שׂוֹרְפוּ מִשְׁמַנֵּי פּוּל וְלוּד בִּיקַד יְקוֹד פֶּסַח, וַאֲמַרְתֶּם זֶבַח פֶּסַח.

The enclosed one [Jericho] was enclosed in the season of Pesach; Midian was destroyed with a portion of the *omer*-barley on Pesach [via Gideon as per Judges 7]; from the fat of Pul and Lud [Assyrian soldiers of Sancheriv] was burnt in pyres on Pesach. "And you shall say, 'it is the Pesach sacrifice'"

עוֹד הַיּוֹם בְּנֹב לַעֲמוֹד עַד גָּעָה עוֹנַת פֶּסַח, פַּס יַד כָּתְבָה לְקַעֲקֵעַ צוּל בַּפֶּסַח, צָפֹה הַצָּפִית עָרוֹךְ הַשֻּׁלְחָן בַּפֶּסַח, וַאֲמַרְתֶּם זֶבַח פֶּסַח.

Still today [Sancheriv will go no further than] to stand in Nov [Isaiah 10:32], until he cried at the time of Pesach; a palm of the hand wrote [Daniel 5:5] to rip up the deep one [the Bayblonian one – Balshatsar] on Pesach; set up the watch, set the table [referring to Balshatsar, based on Psalms 21:5] on Pesach. "And you shall say, 'it is the Pesach sacrifice'"

קָהָל כִּנְּסָה הֲדַסָּה לְשַׁלֵּשׁ צוֹם בַּפֶּסַח, רֹאשׁ מִבֵּית רָשָׁע מָחַצְתָּ בְּעֵץ חֲמִשִּׁים בַּפֶּסַח, שְׁתֵּי אֵלֶּה רֶגַע תָּבִיא לְעוּצִית בַּפֶּסַח, תָּעֹז יָדְךָ תָּרוּם יְמִינְךָ כְּלֵיל הִתְקַדֵּשׁ חַג פֶּסַח, וַאֲמַרְתֶּם זֶבַח פֶּסַח.

The congregation did Hadassah [Esther] bring in to triple a fast on Pesach; the head of the house of evil [Haman] did you crush on a tree of fifty [*amot*] on Pesach; these two [plagues as per Isaiah 47:9] will you bring in an instant to the Utsi [Esav] on Pesach; embolden Your hand, raise Your right hand, as on the night You were sanctified on the festival of Pesach. "And you shall say, 'it is the Pesach sacrifice'"

NIRTZAH, KI LO NA'E

כִּי לוֹ נָאֶה, כִּי לוֹ יָאֶה.

Since for Him it is pleasant, for Him it is suited.

אַדִּיר בִּמְלוּכָה, בָּחוּר כַּהֲלָכָה, גְּדוּדָיו יֹאמְרוּ לוֹ: לְךָ וּלְךָ, לְךָ כִּי לְךָ, לְךָ אַף לְךָ, לְךָ ה' הַמַּמְלָכָה, כִּי לוֹ נָאֶה, כִּי לוֹ יָאֶה.

Mighty in rulership, properly chosen, his troops shall say to Him, "Yours and Yours, Yours since it is Yours, Yours and even Yours, Yours, Lord is the kingdom; since for Him it is pleasant, for Him it is suited."

דָּגוּל בִּמְלוּכָה, הָדוּר כַּהֲלָכָה, וָתִיקָיו יֹאמְרוּ לוֹ: לְךָ וּלְךָ, לְךָ כִּי לְךָ, לְךָ אַף לְךָ, לְךָ ה' הַמַּמְלָכָה, כִּי לוֹ נָאֶה, כִּי לוֹ יָאֶה.

Noted in rulership, properly splendid, His distinguished ones will say to him, "Yours and Yours, Yours since it is Yours, Yours and even Yours, Yours, Lord is the kingdom; since for Him it is pleasant, for Him it is suited."

זַכַּאי בִּמְלוּכָה, חָסִין כַּהֲלָכָה טַפְסְרָיו יֹאמְרוּ לוֹ: לְךָ וּלְךָ, לְךָ כִּי לְךָ, לְךָ אַף לְךָ, לְךָ ה' הַמַּמְלָכָה, כִּי לוֹ נָאֶה, כִּי לוֹ יָאֶה.

Meritorious in rulership, properly robust, His scribes shall say to him, "Yours and Yours, Yours since it is Yours, Yours and even Yours, Yours, Lord is the kingdom; since for Him it is pleasant, for Him it is suited."

יָחִיד בִּמְלוּכָה, כַּבִּיר כַּהֲלָכָה לִמּוּדָיו יֹאמְרוּ לוֹ: לְךָ וּלְךָ, לְךָ כִּי לְךָ, לְךָ אַף לְךָ, לְךָ ה' הַמַּמְלָכָה, כִּי לוֹ נָאֶה, כִּי לוֹ יָאֶה.

Unique in rulership, properly powerful, His wise ones say to Him, "Yours and Yours, Yours since it is Yours, Yours and even Yours, Yours, Lord is the kingdom; since for Him it is pleasant, for Him it is suited."

מוֹשֵׁל בִּמְלוּכָה, נוֹרָא כַּהֲלָכָה סְבִיבָיו יֹאמְרוּ לוֹ: לְךָ וּלְךָ, לְךָ כִּי לְךָ, לְךָ אַף לְךָ, לְךָ ה' הַמַּמְלָכָה, כִּי לוֹ נָאֶה, כִּי לוֹ יָאֶה.

Reigning in rulership, properly awesome, those around Him say to Him, "Yours and Yours, Yours since it is Yours, Yours and even Yours, Yours, Lord is the kingdom; since for Him it is pleasant, for Him it is suited."

עָנָיו בִּמְלוּכָה, פּוֹדֶה כַּהֲלָכָה, צַדִּיקָיו יֹאמְרוּ לוֹ: לְךָ וּלְךָ, לְךָ כִּי לְךָ, לְךָ אַף לְךָ, לְךָ ה' הַמַּמְלָכָה, כִּי לוֹ נָאֶה, כִּי לוֹ יָאֶה.

Humble in rulership, properly restoring, His righteous ones say to Him, "Yours and Yours, Yours since it is Yours, Yours and even Yours, Yours, Lord is the kingdom; since for Him it is pleasant, for Him it is suited."

קָדוֹשׁ בִּמְלוּכָה, רַחוּם כַּהֲלָכָה שִׁנְאַנָּיו יֹאמְרוּ לוֹ: לְךָ וּלְךָ, לְךָ כִּי לְךָ, לְךָ אַף לְךָ, לְךָ ה' הַמַּמְלָכָה, כִּי לוֹ נָאֶה, כִּי לוֹ יָאֶה.

Holy in rulership, properly merciful, His angels say to Him, "Yours and Yours, Yours since it is Yours, Yours and even Yours, Yours, Lord is the kingdom; since for Him it is pleasant, for Him it is suited."

תַּקִּיף בִּמְלוּכָה, תּוֹמֵךְ כַּהֲלָכָה תְּמִימָיו יֹאמְרוּ לוֹ: לְךָ וּלְךָ, לְךָ כִּי לְךָ, לְךָ אַף לְךָ, לְךָ ה' הַמַּמְלָכָה, כִּי לוֹ נָאֶה, כִּי לוֹ יָאֶה.

Dynamic in rulership, properly supportive, His innocent ones say to Him, "Yours and Yours, Yours since it is Yours, Yours and even Yours, Yours, Lord is the kingdom; since for Him it is pleasant, for Him it is suited."

NIRTZAH, ADIR HU

אַדִּיר הוּא יִבְנֶה בֵּיתוֹ בְּקָרוֹב. בִּמְהֵרָה, בִּמְהֵרָה, בְּיָמֵינוּ בְּקָרוֹב. אֵל בְּנֵה, אֵל בְּנֵה, בְּנֵה בֵּיתְךָ בְּקָרוֹב.

Mighty is He, may He build His house soon. Quickly, quickly, in our days, soon. God build, God build, build Your house soon.

בָּחוּר הוּא, גָּדוֹל הוּא, דָּגוּל הוּא יִבְנֶה בֵּיתוֹ בְּקָרוֹב. בִּמְהֵרָה, בִּמְהֵרָה, בְּיָמֵינוּ בְּקָרוֹב. אֵל בְּנֵה, אֵל בְּנֵה, בְּנֵה בֵּיתְךָ בְּקָרוֹב.

Chosen is He, great is He, noted is He. Quickly, quickly, in our days, soon. God build, God build, build Your house soon.

הָדוּר הוּא, וָתִיק הוּא, זַכַּאי הוּא יִבְנֶה בֵּיתוֹ בְּקָרוֹב. בִּמְהֵרָה, בִּמְהֵרָה, בְּיָמֵינוּ בְּקָרוֹב. אֵל בְּנֵה, אֵל בְּנֵה, בְּנֵה בֵּיתְךָ בְּקָרוֹב.

Splendid is He, distinguished is He, meritorious is He. Quickly, quickly, in our days, soon. God build, God build, build Your house soon.

חָסִיד הוּא, טָהוֹר הוּא, יָחִיד הוּא יִבְנֶה בֵּיתוֹ בְּקָרוֹב. בִּמְהֵרָה, בִּמְהֵרָה, בְּיָמֵינוּ בְּקָרוֹב. אֵל בְּנֵה, אֵל בְּנֵה, בְּנֵה בֵּיתְךָ בְּקָרוֹב.

Pious is He, pure is He, unique is He. Quickly, quickly, in our days, soon. God build, God build, build Your house soon.

כַּבִּיר הוּא, לָמוּד הוּא, מֶלֶךְ הוּא יִבְנֶה בֵּיתוֹ בְּקָרוֹב. בִּמְהֵרָה, בִּמְהֵרָה, בְּיָמֵינוּ בְּקָרוֹב. אֵל בְּנֵה, אֵל בְּנֵה, בְּנֵה בֵּיתְךָ בְּקָרוֹב.

Powerful is He, wise is He, A king is He. Quickly, quickly, in our days, soon. God build, God build, build Your house soon.

נוֹרָא הוּא, סַגִּיב הוּא, עִזּוּז הוּא יִבְנֶה בֵּיתוֹ בְּקָרוֹב. בִּמְהֵרָה, בִּמְהֵרָה, בְּיָמֵינוּ בְּקָרוֹב. אֵל בְּנֵה, אֵל בְּנֵה, בְּנֵה בֵּיתְךָ בְּקָרוֹב.

Awesome is He, exalted is He, heroic is He. Quickly, quickly, in our days, soon. God build, God build, build Your house soon.

פּוֹדֶה הוּא, צַדִּיק הוּא, קָדוֹשׁ הוּא יִבְנֶה בֵּיתוֹ בְּקָרוֹב. בִּמְהֵרָה, בִּמְהֵרָה, בְּיָמֵינוּ בְּקָרוֹב. אֵל בְּנֵה, אֵל בְּנֵה, בְּנֵה בֵּיתְךָ בְּקָרוֹב.

A restorer is He, righteous is He, holy is He. Quickly, quickly, in our days, soon. God build, God build, build Your house soon.

רַחוּם הוּא, שַׁדַּי הוּא, תַּקִּיף הוּא יִבְנֶה בֵּיתוֹ בְּקָרוֹב. בִּמְהֵרָה, בִּמְהֵרָה, בְּיָמֵינוּ בְּקָרוֹב. אֵל בְּנֵה, אֵל בְּנֵה, בְּנֵה בֵּיתְךָ בְּקָרוֹב.

Merciful is He, the Omnipotent is He, dynamic is He. Quickly, quickly, in our days, soon. God build, God build, build Your house soon.

NIRTZAH, SEFIRAT HAOMER

ספירת העמר בחוץ לארץ, בליל שני של פסח:

בָּרוּךְ אַתָּה ה', אֱלֹהֵינוּ מֶלֶךְ הָעוֹלָם, אֲשֶׁר קִדְּשָׁנוּ בְּמִצְוֹתָיו וְצִוָּנוּ עַל סְפִירַת הָעֹמֶר. הַיּוֹם יוֹם אֶחָד בָּעֹמֶר.

The counting of the omer outside of Israel on the second night of Pesach:

Blessed are You, Lord our God, King of the Universe, who has sanctified us with His commandments and has commanded us on the counting of the *omer*. Today is the first day of the *omer*.

NIRTZAH, ECHAD MI YODEA

אֶחָד מִי יוֹדֵעַ? אֶחָד אֲנִי יוֹדֵעַ: אֶחָד אֱלֹהֵינוּ שֶׁבַּשָּׁמַיִם וּבָאָרֶץ. שְׁנַיִם מִי יוֹדֵעַ? שְׁנַיִם אֲנִי יוֹדֵעַ: שְׁנֵי לֻחוֹת הַבְּרִית. אֶחָד אֱלֹהֵינוּ שֶׁבַּשָּׁמַיִם וּבָאָרֶץ. שְׁלֹשָׁה מִי יוֹדֵעַ? שְׁלֹשָׁה אֲנִי יוֹדֵעַ: שְׁלֹשָׁה אָבוֹת, שְׁנֵי לֻחוֹת הַבְּרִית, אֶחָד אֱלֹהֵינוּ שֶׁבַּשָּׁמַיִם וּבָאָרֶץ. אַרְבַּע מִי יוֹדֵעַ? אַרְבַּע אֲנִי יוֹדֵעַ: אַרְבַּע אִמָּהוֹת, שְׁלֹשָׁה אָבוֹת, שְׁנֵי לֻחוֹת הַבְּרִית, אֶחָד אֱלֹהֵינוּ שֶׁבַּשָּׁמַיִם וּבָאָרֶץ. חֲמִשָּׁה מִי יוֹדֵעַ? חֲמִשָּׁה אֲנִי יוֹדֵעַ: חֲמִשָּׁה חוּמְשֵׁי תוֹרָה, אַרְבַּע אִמָּהוֹת, שְׁלֹשָׁה אָבוֹת, שְׁנֵי לֻחוֹת הַבְּרִית, אֶחָד אֱלֹהֵינוּ שֶׁבַּשָּׁמַיִם וּבָאָרֶץ. שִׁשָּׁה מִי יוֹדֵעַ? שִׁשָּׁה אֲנִי יוֹדֵעַ: שִׁשָּׁה סִדְרֵי מִשְׁנָה, חֲמִשָּׁה חוּמְשֵׁי תוֹרָה, אַרְבַּע אִמָּהוֹת, שְׁלֹשָׁה אָבוֹת, שְׁנֵי לֻחוֹת הַבְּרִית, אֶחָד אֱלֹהֵינוּ שֶׁבַּשָּׁמַיִם וּבָאָרֶץ. שִׁבְעָה מִי יוֹדֵעַ? שִׁבְעָה אֲנִי יוֹדֵעַ: שִׁבְעָה יְמֵי שַׁבַּתָּא, שִׁשָּׁה סִדְרֵי מִשְׁנָה, חֲמִשָּׁה חוּמְשֵׁי תוֹרָה, אַרְבַּע אִמָּהוֹת, שְׁלֹשָׁה אָבוֹת, שְׁנֵי לֻחוֹת הַבְּרִית, אֶחָד אֱלֹהֵינוּ שֶׁבַּשָּׁמַיִם וּבָאָרֶץ. שְׁמוֹנָה מִי יוֹדֵעַ? שְׁמוֹנָה אֲנִי יוֹדֵעַ: שְׁמוֹנָה יְמֵי מִילָה, שִׁבְעָה יְמֵי שַׁבַּתָּא, שִׁשָּׁה סִדְרֵי מִשְׁנָה, חֲמִשָּׁה חוּמְשֵׁי תוֹרָה, אַרְבַּע אִמָּהוֹת, שְׁלֹשָׁה אָבוֹת, שְׁנֵי לֻחוֹת הַבְּרִית, אֶחָד אֱלֹהֵינוּ שֶׁבַּשָּׁמַיִם וּבָאָרֶץ. תִּשְׁעָה מִי יוֹדֵעַ? תִּשְׁעָה אֲנִי יוֹדֵעַ: תִּשְׁעָה יַרְחֵי לֵדָה, שְׁמוֹנָה יְמֵי מִילָה, שִׁבְעָה יְמֵי שַׁבַּתָּא, שִׁשָּׁה סִדְרֵי מִשְׁנָה, חֲמִשָּׁה חוּמְשֵׁי תוֹרָה, אַרְבַּע אִמָּהוֹת, שְׁלֹשָׁה אָבוֹת, שְׁנֵי לֻחוֹת הַבְּרִית, אֶחָד אֱלֹהֵינוּ שֶׁבַּשָּׁמַיִם וּבָאָרֶץ. עֲשָׂרָה מִי יוֹדֵעַ? עֲשָׂרָה אֲנִי יוֹדֵעַ: עֲשָׂרָה דִבְּרַיָּא, תִּשְׁעָה יַרְחֵי לֵדָה, שְׁמוֹנָה יְמֵי מִילָה, שִׁבְעָה יְמֵי שַׁבַּתָּא, שִׁשָּׁה סִדְרֵי מִשְׁנָה, חֲמִשָּׁה חוּמְשֵׁי תוֹרָה, אַרְבַּע אִמָּהוֹת, שְׁלֹשָׁה אָבוֹת, שְׁנֵי לֻחוֹת הַבְּרִית, אֶחָד אֱלֹהֵינוּ שֶׁבַּשָּׁמַיִם וּבָאָרֶץ. אַחַד עָשָׂר מִי יוֹדֵעַ? אַחַד עָשָׂר אֲנִי יוֹדֵעַ: אַחַד עָשָׂר כּוֹכְבַיָּא, עֲשָׂרָה דִבְּרַיָּא, תִּשְׁעָה יַרְחֵי לֵדָה, שְׁמוֹנָה יְמֵי מִילָה, שִׁבְעָה יְמֵי שַׁבַּתָּא, שִׁשָּׁה סִדְרֵי מִשְׁנָה, חֲמִשָּׁה חוּמְשֵׁי תוֹרָה, אַרְבַּע אִמָּהוֹת, שְׁלֹשָׁה אָבוֹת, שְׁנֵי לֻחוֹת הַבְּרִית, אֶחָד אֱלֹהֵינוּ שֶׁבַּשָּׁמַיִם וּבָאָרֶץ. שְׁנֵים עָשָׂר מִי יוֹדֵעַ? שְׁנֵים עָשָׂר אֲנִי יוֹדֵעַ: שְׁנֵים עָשָׂר שִׁבְטַיָּא, אַחַד עָשָׂר כּוֹכְבַיָּא, עֲשָׂרָה דִבְּרַיָּא, תִּשְׁעָה יַרְחֵי לֵדָה, שְׁמוֹנָה יְמֵי מִילָה, שִׁבְעָה יְמֵי שַׁבַּתָּא, שִׁשָּׁה סִדְרֵי מִשְׁנָה, חֲמִשָּׁה חוּמְשֵׁי תוֹרָה, אַרְבַּע אִמָּהוֹת, שְׁלֹשָׁה אָבוֹת, שְׁנֵי לֻחוֹת הַבְּרִית, אֶחָד אֱלֹהֵינוּ שֶׁבַּשָּׁמַיִם וּבָאָרֶץ. שְׁלֹשָׁה עָשָׂר מִי יוֹדֵעַ? שְׁלֹשָׁה עָשָׂר מִדַּיָּא. שְׁנֵים עָשָׂר שִׁבְטַיָּא, אַחַד עָשָׂר כּוֹכְבַיָּא, עֲשָׂרָה דִבְּרַיָּא, תִּשְׁעָה יַרְחֵי לֵדָה, שְׁמוֹנָה יְמֵי מִילָה, שִׁבְעָה יְמֵי שַׁבַּתָּא, שִׁשָּׁה סִדְרֵי מִשְׁנָה, חֲמִשָּׁה חוּמְשֵׁי תוֹרָה, אַרְבַּע אִמָּהוֹת, שְׁלֹשָׁה אָבוֹת, שְׁנֵי לֻחוֹת הַבְּרִית, אֶחָד אֱלֹהֵינוּ שֶׁבַּשָּׁמַיִם וּבָאָרֶץ.

Who knows one? I know one: One is our God in the heavens and the earth. Who knows two? I know two: two are the tablets of the covenant, One is our God in the heavens and the earth. Who knows three? I know three: three are the fathers, two are the tablets of the covenant, One is our God in the heavens and the earth. Who knows four? I know four: four are the mothers, three are the fathers, two are the tablets of the covenant, One is our God in the heavens and the earth. Who knows five? I know five: five are the books of the Torah, four are the mothers, three are the fathers, two are the tablets of the covenant, One is our God in the heavens and the earth. Who knows six? I know six: six are the orders of the Mishnah, five are the books of the Torah, four are the mothers, three are the fathers, two are the tablets of the covenant, One is our God in the heavens and the earth. Who knows seven? I know seven: seven are the days of the week, six are the orders of the Mishnah, five are the books of the Torah, four are the mothers, three are the fathers, two are the tablets of the covenant, One is our God in the heavens and the earth. Who knows eight? I know eight: eight are the days of circumcision, seven are the days of the week, six are the orders of the Mishnah, five are the books of the Torah, four are the mothers, three are the fathers, two are the tablets of the covenant, One is our God in the heavens and the earth. Who knows nine? I know nine: nine are the months of birth, eight are the days of circumcision, seven are the days of the week, six are the orders of the Mishnah, five are the books of the Torah, four are the mothers, three are the fathers, two are the tablets of the covenant, One is our God in the heavens and the earth. Who knows ten? I know ten: ten are the statements, nine are the months of birth, eight are the days of circumcision, seven are the days of the week, six are the orders of the Mishnah, five are the books of the Torah, four are the mothers, three are the fathers, two are the tablets of the covenant, One is our God in the heavens and the earth.

Who knows eleven? I know eleven: eleven are the stars, ten are the statements, nine are the months of birth, eight are the days of circumcision, seven are the days of the week, six are the orders of the Mishnah, five are the books of the Torah, four are the mothers, three are the fathers, two are the tablets of the covenant, One is our God in the heavens and the earth. Who knows twelve? I know twelve: twelve are the tribes, eleven are the stars, ten are the statements, nine are the months of birth, eight are the days of circumcision, seven are the days of the week, six are the orders of the Mishnah, five are the books of the Torah, four are the mothers, three are the fathers, two are the tablets of the covenant, One is our God in the heavens and the earth. Who knows thirteen? I know thirteen: thirteen are the characteristics, twelve are the tribes, eleven are the stars, ten are the statements, nine are the months of birth, eight are the days of circumcision, seven are the days of the week, six are the orders of the Mishnah, five are the books of the Torah, four are the mothers, three are the fathers, two are the tablets of the covenant, One is our God in the heavens and the earth.

NIRTZAH, CHAD GADYA

חַד גַּדְיָא, חַד גַּדְיָא דְּזַבִּין אַבָּא בִּתְרֵי זוּזֵי, חַד גַּדְיָא, חַד גַּדְיָא.
One kid, one kid that my father bought for two *zuz*, one kid, one kid.

וְאָתָא שׁוּנְרָא וְאָכְלָה לְגַדְיָא, דְּזַבִּין אַבָּא בִּתְרֵי זוּזֵי. חַד גַּדְיָא, חַד גַּדְיָא.
Then came a cat and ate the kid that my father bought for two *zuz*, one kid, one kid.

וְאָתָא כַלְבָּא וְנָשַׁךְ לְשׁוּנְרָא, דְּאָכְלָה לְגַדְיָא, דְּזַבִּין אַבָּא בִּתְרֵי זוּזֵי. חַד גַּדְיָא, חַד גַּדְיָא.
Then came a dog and bit the cat, that ate the kid that my father bought for two *zuz*, one kid, one kid.

וְאָתָא חוּטְרָא וְהִכָּה לְכַלְבָּא, דְּנָשַׁךְ לְשׁוּנְרָא, דְּאָכְלָה לְגַדְיָא, דְּזַבִּין אַבָּא בִּתְרֵי זוּזֵי. חַד גַּדְיָא, חַד גַּדְיָא.
Then came a stick and hit the dog, that bit the cat, that ate the kid that my father bought for two *zuz*, one kid, one kid.

וְאָתָא נוּרָא וְשָׂרַף לְחוּטְרָא, דְּהִכָּה לְכַלְבָּא, דְּנָשַׁךְ לְשׁוּנְרָא, דְּאָכְלָה לְגַדְיָא, דְּזַבִּין אַבָּא בִּתְרֵי זוּזֵי. חַד גַּדְיָא, חַד גַּדְיָא.
Then came fire and burnt the stick, that hit the dog, that bit the cat, that ate the kid that my father bought for two *zuz*, one kid, one kid.

וְאָתָא מַיָּא וְכָבָה לְנוּרָא, דְּשָׂרַף לְחוּטְרָא, דְּהִכָּה לְכַלְבָּא, דְּנָשַׁךְ לְשׁוּנְרָא, דְּאָכְלָה לְגַדְיָא, דְּזַבִּין אַבָּא בִּתְרֵי זוּזֵי. חַד גַּדְיָא, חַד גַּדְיָא.
Then came water and extinguished the fire, that burnt the stick, that hit the dog, that bit the cat, that ate the kid that my father bought for two *zuz*, one kid, one kid.

וְאָתָא תוֹרָא וְשָׁתָה לְמַיָּא, דְּכָבָה לְנוּרָא, דְּשָׂרַף לְחוּטְרָא, דְּהִכָּה לְכַלְבָּא, דְּנָשַׁךְ לְשׁוּנְרָא, דְּאָכְלָה לְגַדְיָא, דְּזַבִּין אַבָּא בִּתְרֵי זוּזֵי. חַד גַּדְיָא, חַד גַּדְיָא.
Then came a bull and drank the water, that extinguished the fire, that burnt the stick, that hit the dog, that bit the cat, that ate the kid that my father bought for two *zuz*, one kid, one kid.

וְאָתָא הַשּׁוֹחֵט וְשָׁחַט לְתוֹרָא, דְּשָׁתָה לְמַיָּא, דְּכָבָה לְנוּרָא, דְּשָׂרַף לְחוּטְרָא, דְּהִכָּה לְכַלְבָּא, דְּנָשַׁךְ לְשׁוּנְרָא, דְּאָכְלָה לְגַדְיָא, דְּזַבִּין אַבָּא בִּתְרֵי זוּזֵי. חַד גַּדְיָא, חַד גַּדְיָא.
Then came the *schochet* and slaughtered the bull, that drank the water, that extinguished the fire, that burnt the stick, that hit the dog, that bit the cat, that ate the kid that my father bought for two *zuz*, one kid, one kid.

וְאָתָא מַלְאַךְ הַמָּוֶת וְשָׁחַט לְשׁוֹחֵט, דְּשָׁחַט לְתוֹרָא, דְּשָׁתָה לְמַיָּא, דְּכָבָה לְנוּרָא, דְּשָׂרַף לְחוּטְרָא, דְּהִכָּה לְכַלְבָּא, דְּנָשַׁךְ לְשׁוּנְרָא, דְּאָכְלָה לְגַדְיָא, דְּזַבִּין אַבָּא בִּתְרֵי זוּזֵי. חַד גַּדְיָא, חַד גַּדְיָא.
Then came the angel of death and slaughtered the *schochet*, who slaughtered the bull, that drank the water, that extinguished the fire, that burnt the stick, that hit the dog, that bit the cat, that ate the kid that my father bought for two *zuz*, one kid, one kid.

וְאָתָא הַקָּדוֹשׁ בָּרוּךְ הוּא וְשָׁחַט לְמַלְאַךְ הַמָּוֶת, דְּשָׁחַט לְשׁוֹחֵט, דְּשָׁחַט לְתוֹרָא, דְּשָׁתָה לְמַיָּא, דְּכָבָה לְנוּרָא, דְּשָׂרַף לְחוּטְרָא, דְּהִכָּה לְכַלְבָּא, דְּנָשַׁךְ לְשׁוּנְרָא, דְּאָכְלָה לְגַדְיָא, דְּזַבִּין אַבָּא בִּתְרֵי זוּזֵי. חַד גַּדְיָא, חַד גַּדְיָא.
Then came the Holy One, blessed be He and slaughtered the angel of death, who slaughtered the *schochet*, who slaughtered the bull, that drank the water, that extinguished the fire, that burnt the stick, that hit the dog, that bit the cat, that ate the kid that my father bought for two *zuz*, one kid, one kid.